U. Bürat

Max Wedemeyer / In der Welt habt ihr Angst 1/95

S. 11
S. 31
S. 78

MAX WEDEMEYER

In der Welt habt ihr Angst

Rußland 28.–30. Januar 1943

CHRISTLICHES VERLAGSHAUS GMBH
STUTTGART

Bücher mit diesem Zeichen wollen
aktuell und biblisch Christus bezeugen.

ABCteam-Bücher erscheinen in folgenden Verlagen:

Aussaat Verlag Neukirchen
R. Brockhaus Verlag Wuppertal
Brunnen Verlag Gießen / Basel / Woltersdorf
Christliches Verlagshaus Stuttgart
(und Evangelischer Missionsverlag)
Oncken Verlag Wuppertal

1992
124.–126. Tausend

Umschlaggestaltung: Dieter Betz, Weissach,
unter Verwendung einer Zeichnung
von Heinz Giebeler, Metzingen
Gesamtherstellung: Druckhaus West GmbH, Stuttgart
ISBN 3-7675-3051-1

Die Männer im Schnee

Leutnant Scholz und ich standen auf dem Erdaufwurf unseres Bunkers und starrten auf die vor uns liegende Front.

»Was wird?« fragte Scholz.

»Diese Nacht ist es soweit«, erwiderte ich.

»Meinen Sie?« fragte Scholz unsicher. Dann lachend: »Sie sind ein alter Miesmacher, Farnholt! Ich lasse mich von Ihnen nicht wieder anstecken!«

»Ich bin kein Miesmacher, Herr Leutnant. Ich mache mir nur nichts vor«, sagte ich ruhig. »Aber hier gehört es ja sozusagen zur tapferen Haltung, so zu tun, als ob nichts wäre.«

»Na, was ist denn schon Besonderes?« fragte Scholz ungeduldig.

Ich zog ihn an der Schulter herum und wies auf einen Feuerschein, der rot und qualmig unter dem sternflirrenden Himmel schwelte.

»Da brennt unser Verpflegungslager. In die Luft gesprengt – von uns selbst! Unser Alter hat übrigens einen Schlitten hingeschickt und ein paar Säcke voll von der im Dreck herumliegenden Schokolade einsammeln lassen. Gestern wollten sie noch nichts rausrücken. Sollte wohl für den Endsieg aufgehoben werden! Und eine Masse Schnaps haben sie auch mitgegeben. Wenn die aber freiwillig etwas hergeben, ist dicke Luft!«

»Allerdings«, lachte Scholz, »das ist ein unwiderlegbarer Beweis! Aber was noch?«

Wir wandten uns wieder herum und standen nun mit dem Gesicht nach Norden.

»Sehen Sie, Herr Leutnant, links von uns hat man heute in aller Hast die Nachbardivision herausgezogen und nach dem Süden geworfen, in das Loch, wo seit gestern die Ungarn türmen. Unser armseliger Verein soll den ganzen Abschnitt mitbesetzen. Das heißt, der Russe kann durch, wann es ihm paßt!«

Scholz blickte mich erstaunt von der Seite an. »Woher wissen Sie das alles?«

»Mitgehört – an der Strippe. Sie wissen das, nebenbei gesagt, doch ebensogut!«

»Na ja«, gab er resigniert zu, »ich habe auch so was läuten hören.« Dann lebhafter: »Aber im Osten die Donfront – die hält noch!«

»Die muß zurück!« behauptete ich.

»Was sind der Herr Unteroffizier doch für ein tüchtiger Stratege! Wirklich schade, daß Sie nicht oben sitzen!« spottete Scholz.

Einen Augenblick überlegte er. »Ich haue mal kurz ab«, sagte er schließlich, »mal sehen, was man beim Chef Neues hört! Passen Sie gut auf unser Château, daß uns der Iwan keinen draufsetzt!«

Und geschickt schlidderte er den glattgetretenen Hügel hinab. Schnell verlor ich seine vom wattierten Tarnanzug unförmige Gestalt aus den Augen. Nur der Schnee kreischte noch ein paar Augenblicke lang unter seinen Schritten. Er war ein junger, sonniger Mensch, von der Schulbank weg nach einem billigen Abitur zur Wehrmacht eingezogen, jetzt zweiundzwanzig Jahre alt, also gerade ein Jahrzehnt jünger als ich. Ich mochte ihn gern.

Ich blieb noch für ein Weilchen draußen. Das geisterhafte Schauspiel der Nacht war, obgleich ich es unzähligemal gesehen hatte, immer wieder anziehend. Wir lagen gerade in dem Winkel, wo die ostwärts gerichtete Donfront bei Woronesch scharf nach Westen umbog, wir also eine nach Norden zeigende Frontlinie zu halten hatten, so daß es an zwei Seiten blitzte und krachte. Von der weiter entfernt liegenden Einbruchsstelle in unserem Rücken war nichts zu vernehmen.

Im Augenblick war nichts Besonderes los, aber dennoch knatterten pausenlos und nervös die Maschinengewehre und schmückten die hin- und hergezogenen Girlanden der Leuchtspurmunition den samtschwarzen Vorhang der Nacht. Alle paar Sekunden blendete über dem Schnee eine Rakete auf und sank langsam verlöschend zu Boden.

Es wurde für mich eine jener gefährlichen Minuten, in denen man zum Nachdenken kam. Plötzlich kroch mir unter dem gewaltigen Sternenhimmel unabweisbar ein frostiges Bangen im Rücken empor. Was hatten wir hier im fremden Land zu suchen? Was tat ich fern von Frau und Kindern an diesem fremden Strom, der den Namen Don mir zu einem Ereignis in meinem Leben machte? Warum lagen sich, wie Tiere in die Erde gewühlt, die Männer zweier Völker gegenüber, um einander zu töten? Wer hatte sie von ihren Arbeitsstätten, ihrer Heimat, ihrer Familie weggerissen? Wer hatte sie gefragt, ob sie dieses blutige Handwerk ausüben wollten? Wer hatte in ihren Herzen das ehrwürdige Wissen auszulöschen vermocht, daß der Mensch als Gottes Ebenbild geschaffen ist? Wie hatte es abermals geschehen können, daß der Fürst dieser Welt zu solch einem grauenvollen Triumphe kam?

Ach, Fragen über Fragen, die in der Weite um mich her hunderttausendfach, gedacht und ungedacht, auf den Seelen lasteten! Waren wir selbst, die Fragenden, schuldig?! Hatten wir selbst, da wir ohne Demut am Turm zu Babel bauten, dem Satan den Sieg nicht zu leicht gemacht? Waren wir ein Menschengeschlecht im Abfall, dessen die Stunde des Gerichtes wartet?

So stand ich in der russischen Nacht, todeseinsam, ausgeliefert an Fragen, die deshalb nicht weniger quälten, daß sie sich selbst beantworteten.

Aber die nahe Wirklichkeit läßt sich nicht gern um ihre kleinen Ängste betrügen. Von drüben her erklang, schnell näher kommend, ein klapperndes Motorengeräusch; eine wilde Knallerei aus Karabinern, Maschinengewehren und leichten Flakgeschützen setzte auf allen Seiten ein; dazwischen klirrten, rasch aufeinanderfolgend, merkwürdig helle Explosionen: der russische Nachtbomber, der Besuch jeder Nacht, »Nervensäge«, »U. v. D.« oder »Nähmaschine« genannt, machte seine Runde. Allzuviel Unheil pflegte er nicht anzurichten, aber er bedeutete eine unangenehme Störung, und unsere erbitterte Schießerei diente mehr der eigenen Beruhigung, als daß sie dem wohlgepanzerten Nachtvogel ein paar Federn ausreißen konnte.

Als er über mir kreiste, hielt auch ich die Vorsicht für den besseren Teil der Tapferkeit und stolperte in unseren Bunker hinab. Es war ein quadratisches Erdloch, mit Stämmen und Zweigen abgestützt, ein paar primitive Pritschen darin, ein roher Tisch, Ausrüstungsgegenstände und Waffen, an den Wänden die üblichen Bilder aus Illustrierten, eine Anzahl Familienphotographien, mein kleines Kreuz aus Birkenzweigen, an einer Wand ein Öfchen, das aus einem Benzinkanister hergestellt war, und als Glanz- und Prunkstück unserer Wintervilla eine elektrische Beleuchtung, die aus einer von Ede organisierten Autobatterie gespeist wurde.

Ede empfing mich hohnlachend: »Opa, warum rennst du so, fragte Hänschen, nachdem er den Großvater die Treppe hinuntergeworfen hatte. Du bist in Eile, lieber Martin, wie ich sehe! Darf ich fragen . . .?«

Ich erwiderte mit einer Aufforderung, die schriftlich wiederzugeben nicht üblich ist, der nachzukommen sich Ede auch entschieden weigerte.

»Nee«, sagte er, »mitnichten! Lieber saufe ich dies Rattengift.« Und tat einen kräftigen Schluck aus dem Trinkbecher, den er mir versöhnlich herüberreichte. Es war der so überraschend reichlich gelieferte Schnaps.

Jetzt erst hatten sich meine Augen an das Licht gewöhnt. »Was machst du denn da?« fragte ich erstaunt.

»Ich packe«, sagte Ede lakonisch. »Mach deinen Kram man auch fertig! Der Künstler reist mit leichtem Gepäck.«

Und ohne sich stören zu lassen, teilte er seine gar nicht geringe Habe auf: auf der Pritsche lag der wüste Haufen dessen, was er zurücklassen, und auf dem Tisch das wenige, was er mitnehmen wollte.

Indes plauderte er pausenlos weiter. »Weißt du, Martin, das war schon immer mein Herzenswunsch, so eine winterliche Fußwanderung durch die russische Steppe. Nein, früher immer mit dem Wagen« – er hatte nie einen besessen –, »damit verwöhnte man sich so schrecklich ...«

Ich unterbrach ihn: »Ganz neue Seiten an dir, mein Guter, du hast ja Angst!« Er blickte mich schräg von unten an.

»Natürlich habe ich«, antwortete er. »Du etwa nicht?«

»Ja, sicherlich«, gab ich zu.

»Na also«, sagte Ede, »dann brauchen wir ja schließlich nicht drüber zu reden! Und Angst ist immerhin noch keine Feigheit ...«

Er war einer der unerschrockensten Menschen, die ich kennengelernt habe. Aber heute hatte auch er Angst. Es lag etwas in der Luft.

Auch ich begann das Notwendigste in meinen Brotbeutel zu sammeln. Die Munition zu meiner russischen Maschinenpistole mit ihrem Schneckenmagazin, die bei uns mit ihrer Unkompliziertheit und ihrer Unempfindlichkeit sehr beliebt war, steckte ich lose in die äußeren Taschen. Es war schwer genug. Alles andere mußte ich zurücklassen, da mich trotz meiner sonstigen Zähigkeit alle Schlepperei stets frühzeitig schwächte.

»Du, vergiß das da nicht«, sagte Ede und reichte mir mein kleines Kreuz von der Wand, »wir werden es gebrauchen!«

Ich steckte es in die Brusttasche. »Das ist aber kein Talisman«, sagte ich.

Seine Gewandtheit verließ ihn. »Ich meine ja auch nur, wir werden es gebrauchen«, wiederholte er unsicher.

»Du brauchst dich nicht zu schämen, Ede«, erwiderte ich ruhig; »es wird das einzige Zeichen für uns sein, das uns hilft.«

Er schwieg. Auch das war absonderlich bei ihm. Aber natürlich nicht lange. Als er das Bild seiner Braut von der Wand löste, murmelte er: »Komm runter, Mädchen« und gab mir die Karte. »Nimm noch ein Auge voll mit, Alter, vor dem Engagementswechsel!«

Ich hatte es indes nicht nötig, die Photographie noch einmal anzusehen. Ich kannte sowohl das Bild als auch die Geschichte der jungen Liebe. Denn wir wußten alles von uns. Die beiden waren Kollegen gewesen, Sänger und Sängerin in einem Operettenchor, er in Berlin, sie in Wien, und wie er das Berliner Mundwerk und das wackere Berliner Herz verkörperte, so hatte man von ihr sozusagen den Eindruck von Wiener Blut. Ede aber liebte, so schien es mir, noch mehr als die Künstlerin selbst ihren mit kühnem Schwung unterzeichneten Namen: Isolde von Sternheim. Das war sein ganzer Stolz.

Vielleicht war er in diesen romantischen Namen vernarrt, weil er einer sorgsam verheimlichten Künstlerschaft Edes den Antrieb gab: er schrieb nämlich in den trostlosen Stunden des Stellungskrieges blutrünstige Geschichten von tapferen Rittern und edlen, unschuldigen Damen in sein Taschenbuch. Ich allein durfte sie lesen. Und sie waren schauerlich schön. Er aber hob sich meine Gedichte auf und schickte meinen Kindern die Schokolade aus seinen Päckchen »Für die Truppe im Fronteinsatz«.

So hatten wir einander gefunden, Ede, der ordengeschmückte, zähe, tapfere, mit allen Hunden gehetzte und allen Wassern gewaschene Obergefreite, den so leicht nichts erschütterte, der den Krieg verabscheute wie nichts auf der Welt, der einen losen Mund und ein festes Herz hatte – und ich, der unfreiwillige Kriegsteilnehmer und Dorfpastor aus dem Braunschweigischen: Kameraden.

Über uns war die Welt jetzt ziemlich unruhig. Einschläge krachten. In unserem Bunker rieselte der Sand. Ede erzählte gerade, und zwar nicht zum erstenmal, wie er seine Braut kennengelernt hatte, da kam Scholz zurück.

»Wann geht's los, Herr Leutnant?« fragte Ede.

»Morgen früh um fünf«, erwiderte Scholz. »Strategischer Rückzug!«

»Macht fast gar nichts«, sagte Ede, »wieder ein Schritt auf den Endsieg zu!«

»Halten Sie Ihr lästerliches Maul, Buckow! Sie quasseln sich noch mal um Kopf und Kragen!«

»I wo«, lachte Ede, »die mich dafür einsperren würden, sind bestimmt nicht hier, wo man schießt!«

»Das ist auch wieder richtig«, lenkte Scholz ein.

»Was meint der Alte? Ist fünf Uhr nicht ein bißchen spät?« fragte ich.

Leutnant Scholz zuckte die Achseln. »Was soll er meinen? Dicke Luft ist nun mal!«

»Der hat den Krieg auch nicht erfunden. Eine Seele von Mensch!« sagte Ede.

Er hatte recht. Wir hingen mit herzlicher Zuneigung an dem dicken Oberleutnant Gernoth. Er war wie ein Vater zu uns. Es gab bei uns keinen Haß gegen die Offiziere. Es ging ihnen genauso dreckig wie uns.

»Wann kommen die anderen?« fragte Scholz.

»Um zwei«, antwortete ich, »sie haben noch Zeit genug, sich fertigzumachen.«

»Na, dann ist es ja gut«, sagte Scholz. »Buckow, laß mich mal in den Becher gucken! Da ist doch bestimmt kein Kaffee drin!«

Er nahm einen Schluck, schüttelte sich und warf sich auf eine der Pritschen.

»Sagen Sie mal, Farnholt«, fragte er mich nach einer Weile,

»wie fühlen Sie sich eigentlich mit Ihrem komischen Beruf in diesem Zauber?«

»Komisch ist, mit Verlaub zu sagen, wohl eher Ihre Frage, Herr Leutnant! Ich finde, nichts ist notwendiger, als daß der Glaube, davon mein Beruf zeugt, uns Kraft und Hilfe schenkt!«

»Oh, wie seriös! Aber Sie meinen doch wohl nicht im Ernst, daß uns dieser verjährte Glaube heute noch etwas bedeutet.«

»Wenn ich das nicht meinte und aus Erfahrung wüßte, würde ich kein Wort daran verschwenden.«

»Eigentlich sind Sie zu beneiden . . .«

»Ja, zweifellos – und Sie sind zu bedauern!«

Er lachte spöttisch. »Das ist Unsinn, Farnholt! Sparen Sie sich Ihr Mitgefühl und Ihre Missionsversuche für Ihre alten Tanten in den kirchlichen Vereinen auf! Ich brauche das wirklich nicht. Sehen Sie, ich will Sie nicht kränken, aber das müssen Sie doch zugeben, daß Sie fertig sind. Was sollen wir modernen Menschen damit? Wir haben auch unseren Glauben . . .«

»Darf ich danach fragen?«

»Nicht das, was Sie jetzt denken und was in der Zeitung steht! Rasse und Blut und Boden und Mythos – das ist auch alles nur Dogma. Nein, ich glaube, daß . . .« – er suchte nach Worten –, »daß sich im Menschen das höhere Wesen entfaltet. Ich glaube an Fortschritt, an Wissenschaft, an die Vollendung in der Technik! Denken Sie doch mal . . .!«

»O ja, ich denke mal! Ich denke an uns hier in den Erdlöchern, an die zu Hause, wenn ihnen das Dach über dem Kopf verbrennt und sie in den Keller kriechen, an die Verstümmelten, an die Heere von Toten – wirklich ein grandioser Fortschritt in der Technik, den Menschen zugrunde zu richten!«

»Das ist ein Übergang, vielleicht eine Weltenwende – aber danach – was danach kommt . . . !«

»Danach kommt der Teufel und zeigt sein unverhülltes Gesicht. Dann kommt der Christus zum Gericht und zum Erbarmen!«

»Zu mir braucht weder der eine noch der andere zu kommen! Wenn ich hier rauskomme aus dem Dreck, werde ich Physik studieren. Da liegt die Zukunft!«

»Sie wissen doch, daß gerade die großen Physiker fromme und demütige Männer sind. Sie stehen an der letzten Grenze und erschrecken . . .«

»Warum erschrecken sie? Weil sie sich noch nicht frei machen können von der Jahrhunderte währenden Unterdrückung durch die Kirche. Wir Jungen aber, wir haben den Mut!«

»Wie war das aber neulich, Herr Leutnant«, fragte Ede und blickte von seiner Packerei auf, »als der Iwan vier Stunden wie verrückt auf unsere unschuldigen Häupter trommelte und wir schließlich zusammen in unserem Loch begraben wurden, mit Musik sozusagen, habe ich da nicht gesehen, daß auch Sie . . . ?«

»Ja«, fiel ihm Scholz hastig ins Wort, »ich habe gebetet, gebe ich zu, aber aus Angst! Das gilt nicht!«

»Aus was lebt der Mensch heute, wenn nicht aus der Angst . . .?« sagte unser lustiger Ede nachdenklich. »Weil das aber so ist, werden wir uns helfen lassen müssen, von oben . . . .«

Es war eines von den Gesprächen, wie wir sie ähnlich in den langen Wintermonaten oft geführt hatten.

Am anderen Morgen marschierten wir auf der Rollbahn. Die Front sollte sich nach innen aufrollen und auf eine rückwärtige Stellung zurückgenommen werden. Aber es war zu spät gewesen. Ohne große Artillerievorbereitung durchstieß der Russe an vielen Stellen unsere dünne Linie, die sich wenige Kilometer nördlich der Rollbahn von Ost nach West hinzog, und drängte die Masse unserer Division nach Süden ab, während wir an der Spitze versuchten, nach Westen zurückzuweichen. Mit geringen Kräften und leichten Waffen wurde die Rollbahn für einen halben Tag noch abgeschirmt, so daß wir vorerst gut vorankamen. Begegneten wir ab und an auch russischen Vorausabteilungen, so waren wir doch stark genug, den Weg immer wieder freizukämpfen.

Es war bitter kalt, aber der gefürchtete Sturm hatte sich irgendwo in der russischen Weite schlafen gelegt. Auch waren wir für diesen Winter 1942/43 ordentlich mit warmer Kleidung versorgt. Da wir die Rollbahn selbst für die Fahrzeuge frei lassen mußten, strengte das Marschieren jedoch auch an diesem ersten Tag schon an, denn der hohe Schnee auf der Steppe neben der glattgefahrenen Straße war verharscht, und immer wieder brach man durch die dünne Eisdecke tief in die aufstäubenden Schneemassen ein. Obendrein hatten wir unser MG auf einem Schlitten hinter uns her zu ziehen.

So waren wir froh, als wir gegen Mittag von der Rollbahn um ein weniges nach rechts abbogen und in einem kleinen, trostlos verschneiten Dorfe Halt befohlen wurde.

Leutnant Scholz schimpfte. »Das passiert mir auch nicht wieder, daß ich zur Infanterie eingezogen werde!«

Ede lachte. »Die Königin der Waffen, Herr Leutnant! Sie hat auch ihre Vorteile: Es kann einem niemals schlechter gehen, man kann sich nur verbessern.«

Wir besetzten sogleich den Dorfrand, unter lautem Wehklagen der verängstigten Bewohner übrigens, die sich schon befreit wähnten, da die deutsche Besatzung längst abgezogen war. An Eingraben war nicht zu denken, so daß wir nur den Schnee aufschaufelten, um wenigstens eine notdürftige Dekkung zu haben. Noch aber lag die wellige, blendende Fläche vor uns wie ein weites Meer des Schweigens.

Wir hatten unsere Spatenarbeit kaum beendet, als ein Teil von uns den Befehl bekam, das Dorf nach männlichen Zivilisten zu durchsuchen. Denn die Erfahrung hatte gelehrt, daß sich die Männer der von den Russen zurückeroberten Dörfer sofort den vordringenden Truppen anschlossen und für diese eine willkommene, für uns aber gefährliche Verstärkung bedeuteten. Deshalb sollten sie vor der zurückweichenden Front her nach hinten transportiert werden. Natürlich hielten sich in solch kritischen Tagen die meisten Männer versteckt, und was aufgestöbert wurde, waren in der Mehrzahl Kränkliche und Alte. Im allgemeinen war diese widerwärtige Aufgabe den rückwärtigen Diensten vorbehalten. Sie wurde uns heute zum ersten und einzigen Male zugemutet.

Schon nach kurzer Zeit war der ganze Ort von Geschrei und lautem Weinen erfüllt. Die Männer, die man in den Hütten entdeckte, wurden auf dem Dorfplatz zusammengetrieben. Frauen umklammerten verzweifelt ihre Gatten; klagende Alte kamen gerannt und brachten den Söhnen Brot für die Wanderung ins Ungewisse; Mütter hoben mit schmerzerstarrten Gesichtern den Soldaten ihre kleinen Kinder entgegen. Inmitten dieser aufbrausenden Woge des Leides stand unbeweglich unser Alter. Wir kannten ihn als einen in allen Lagen tapferen Mann. Jetzt aber sah ich, wie er die Augen schloß und unter den Wimpern Tränen verbarg. Er hatte fünf Kinder zu Hause.

Ein kleiner untersetzter Major mit rotem Gesicht von einer anderen Einheit, der fluchend und zur Eile treibend die Aktion leitete, fuhr auf ihn los. »Machen Sie Ihre Männer munter, Herr Oberleutnant, wir haben keine Zeit zu verlieren!«

Gernoth trat ihm ruhig entgegen und sagte: »Das ist doch völlig sinnlos, Herr Major! Wir kriegen sie doch gar nicht mehr weg! Wo sollen denn die Leute hin, Herr Major?«

Ich sah, wie der Major auffahren wollte. Er bezwang sich aber und erwiderte leise: »Meinen Sie, mir macht das Spaß? Aber wer nicht untergehen will, muß hart sein!«

Gernoth ebenso leise, aber sehr müde: »Wenn es auf die Härte ankäme, geht die Welt goldenen Zeiten entgegen ...«

Der Major brüllte: »Ich habe keine Lust, mit Ihnen zu philosophieren! Tun Sie Ihre Pflicht!«

Er wandte sich von Gernoth ab, sah mich untätig in der Nähe stehen und schrie mich an: »Lungern Sie nicht herum, Kerl! Sonst mache ich kurzen Prozeß!«

Ich verschwand eilig in der nächstliegenden Hütte. Der einzige Wohnraum war voller Menschen. Angsterfüllte Frauenaugen umklammerten mich. Die Kinder, die auf dem lehmgestampften Fußboden herumkrochen, hörten auf zu spielen.

Eine Alte mit ledernem Gesicht schoß auf mich zu und beteuerte aufgeregt: »Nix Mann!« und wies mit zitternder Hand in die Ecken der Hütte.

Die Herzen dieser verängstigten Menschen waren verfinstert von dem grauenhaften Schatten, den die lodernde Flamme des Krieges über die Lande warf. Da saßen sie, und ihre Augen flackerten. Würde heute abend ihr Dorf noch stehen? Würden sie noch ein Dach über dem Kopf haben? Oder würden sie ohnmächtig über die Schneewüste treiben gleich dem verkohlten Halm von ihren Rohrdächern?

Ich sah mich im Raume um und entdeckte zu meiner Erleichterung keinen Mann. Vorsichtshalber aber leuchtete ich mit der Taschenlampe in die dunkle Bettstatt auf dem Ofen. Es durchlief mich heiß, denn – indem die Alte laut aufschrie – erblickte ich ein schmales, bleiches Antlitz, aus dem mich, weit aufgerissen vor Schrecken, zwei schwarze Augen anstarrten. Sie mochten einem siebzehn- oder achtzehnjährigen Jungen gehören. Ich hätte ihn herunterholen und zum Sammelplatz führen müssen.

Während ich immer noch Blick in Blick mit dem Jüngling stand, durchfuhr mich der Gedanke, ob es nicht ein Anfang wäre, wenn entgegen Befehl und Notwendigkeit wenigstens an einer winzigen, untergeordneten Stelle das Gesetz der Härte durchbrochen würde und an seiner Statt die Freiheit des Erbarmens wirken dürfe.

Die Alte war an mir niedergesunken und umklammerte meine Knie. Ich hob sie auf und fragte sie freundlich, indem ich auf den Ofen wies: »Sohn?« Sie nickte eifrig, indes Tränen die Furchen ihres Gesichtes näßten.

In dem Kauderwelsch, das als Verkehrssprache zwischen Deutschen und Russen entstanden war, bedeutete ich ihr, daß ich nichts gesehen und sie nichts zu befürchten habe.

»Pan«, schluchzte sie, »Pan . . .!« und wollte mir die Hand küssen. Ich wehrte ab und trat an das niedrige Fenster, gerade früh genug, denn zwei Landser polterten herein und schickten sich an, die Hütte zu durchsuchen. Neuer Schrecken verbreitete sich. Ich aber rief den beiden gleichgültig zu: »Ist schon erledigt! Hier ist keiner!« Worauf sie befriedigt wieder abzogen.

Ich aber blieb und wartete, daß die Aktion draußen ihr Ende fände. Die Blicke der Frauen, gemischt aus Dankbarkeit und Mißtrauen, aus Hoffnung und Angst, lagen auf meinem Gesicht. Wie viel solcher Frauen- und Kinderaugen fürchteten sich in der Welt! Was hatte der Mensch aus dem Menschen gemacht!

Ich starrte aus dem Fenster. Leutnant Scholz, der vorüberging, sah mich und kam herein.

»Ekelhaft«, sagte er, »wenn Soldaten mit der Zivilbevölkerung zu tun kriegen! Aber kommen Sie mit, ich habe uns losgeeist! Wir wollen wieder in Stellung gehen. Nur Vorsicht, daß wir diesem wildgewordenen Eber von Major nicht in den Hals laufen!«

Plötzlich blickte er mich scharf an: »Was haben Sie, Farnholt? Was ist denn los?«

»Ich denke daran, wie grauenhaft es sein wird, wenn dieses alles erst über Deutschland kommt!«

Er schien betroffen. »Unsinn«, sagte er, »kein fremder Soldat betritt deutschen Boden!« Er sprach es aus wie eine Überzeugung, die man in vielen Zeitungen gelesen und in vielen Reden gehört hat. Es war die Flucht in die Phrase, in die Betäubung des eigenen unruhigen Gewissens.

Auf mir aber lag schwer die Vision, die mich auch in den Tagen der großen Siege nie losgelassen hatte: wie die Heere der anderen die zerbrochene Heimat überfluteten.

Wir wandten uns zum Gehen. Da kam mir die Alte nachgehuscht und hielt mich am Ärmel zurück. »Pan, nimm«, flüsterte sie und drückte mir etwas in die Hand, was sich wie eine kleine Metallplatte anfühlte.

Scholz fragte: »Was ist das?«

Wir betrachteten die Gabe und erkannten sie als eines der in Messing geprägten Heiligenreliefs, wie sie sich auf den russischen Hausaltären häufig finden und sehr wertgehalten werden. Ich mochte das Bildchen deshalb nicht annehmen. Aber die Alte hielt mit einem strahlenden Lächeln die Hände auf dem Rücken. Da dankte ich und freute mich mit ihr.

Scholz blickte uns verwundert an. »Na, was habt ihr denn miteinander?« Und beantwortete sich selbst die Frage auf seine Weise: »Sieh an, wohl die Frommen unter sich . . .?« Vielleicht ahnte er den Zusammenhang.

Am anderen Morgen lagen wir nach ein paar Unterbrechungen, während deren wir uns in den Panjehütten aufgetaut hatten, noch immer in unseren Schneemulden, ohne daß irgend etwas Berichtenswertes passiert war. Die Russen hatten ihren ersten Stoß anscheinend über die Rollbahn hinweg nach Süden gerichtet.

Wieder hatte ich mit Leutnant Scholz ein im Flüsterton gehaltenes und von der vielfältigen Unrast unserer übersteigerten Wachsamkeit unterbrochenes Gespräch über das Christentum geführt. Leidenschaftlicher denn je, mit allen Argumenten einer tüchtigen Verstandesschulung hatte er mich von der Torheit meines Glaubens zu überzeugen versucht. Meinen Hinweis, daß der Glaube im Grunde kein Gegenstand der Diskussion, sondern der notvollen und glückreichen Erfahrung sei, wollte er nicht gelten lassen. Wie sollte er auch? Und doch bewegte es mich, wie diese für einen Mann seiner Art, seiner Jahre und seiner Entwicklung so ungewöhnlichen Fragen ihn anscheinend auch im Widerspruch nicht losließen.

Nun hatte sich die Sonne aus dem Bett der gestirnten Nacht erhoben und berührt von Haß und Angst, von Tränen und Wunden ihren Glanz über die arme Erde gebreitet. Die weiten, sonst so trostlosen Schneeflächen schienen von ihren morgenfrischen Farben belebt. Auch von uns löste sich ein wenig die

Erstarrung der Kälte und der Dunkelheit, obgleich wir damit rechnen mußten, daß uns während des Tages genügend Ungemach erwarten würde.

Gerade ging Oberleutnant Gernoth durch die Stellung, um jeden mit einem guten, ermunternden Wort zu begrüßen, als Leutnant Scholz, der durch das Glas das vor uns liegende Gelände beobachtete, ausrief: »Sie kommen!«

Wir alle starrten angestrengt in die Richtung seines ausgestreckten Armes. In der Tat erkannte man dunkle Pünktchen, die sich offensichtlich im Schnee auf uns zu bewegten. Wir machten uns fertig und warteten ab, denn noch war, da wir keine schweren Waffen mit uns führten, an die Aufnahme des Kampfes nicht zu denken.

Als man die Gestalten auch mit bloßem Auge deutlich unterscheiden konnte, die neben uns liegende Kompanie schon das Feuer eröffnete und Scholz auch uns mit seiner hellen, ruhigen Stimme die Entfernung zum Visieren zurief, robbte Unteroffizier Lüpke, ein offener, treuherziger Junge aus Schleswig, der wegen seiner unwahrscheinlich scharfen Augen bekannt war, heran und meldete aufgeregt, daß er die Herankommenden nicht für Russen, sondern für deutsche Landser halte.

Scholz hielt inne und nahm erneut das Glas vor die Augen. Die winterlichen Uniformen waren schwer zu unterscheiden. Er zögerte und schien für einen Augenblick unsicher zu sein. Dann sagte er plötzlich: »Mensch, Lüpke, ich glaube, Sie haben recht! Seht, wie die Kerls rankommen!«

Wirklich wurde es von Minute zu Minute klarer, daß da kein planmäßiger Angriff gegen uns vorgetragen wurde. Denn die Männer vor uns im Schnee wahrten keinerlei Vorsicht und machten sich nicht im geringsten die Deckungsmöglichkeiten des Geländes zunutze, sondern schienen im Laufschritt unserem Dorfe zuzustreben. Erst als das Feuer von nebenan ihnen gar zu unangenehm wurde, verschwanden sie im Schnee.

Oberleutnant Gernoth, der herangetreten war und die Sachlage geprüft hatte, sagte: »Gehen Sie mal rüber und sagen Sie Bescheid, daß sie mit der Schießerei aufhören, Scholz! Mal sehn, wie die Schneehasen reagieren!« Scholz kroch eilig los.

Als das Feuer schwieg, waren die Männer im Schnee sofort wieder hoch und strebten, indem sie winkten und riefen, in größter Eile auf uns zu. Da war kein Zweifel mehr möglich: es waren Deutsche.

Bald waren die ersten heran. Völlig außer Atem sanken sie nieder. Ihre Gesichter waren von schweren Strapazen gezeichnet. Wir mußten eine Weile warten, bis sie berichten konnten, daß sie von starken russischen Verbänden gänzlich aufgerieben seien, daß sie sämtliche Geschütze verloren hätten und daß der Russe mit vielen Panzern und einer Flut von Infanterie herannahe.

Unser Alter nahm einen der Ankömmlinge, einen Feldwebel, mit sich und ging mit ihm zu dem cholerischen Major hinüber, um die Lage zu besprechen. Die Erschöpften, deren Zustrom bald versiegte, so daß die Schneefläche wieder unberührt vor uns lag, fragten uns, wie stark unsere Front sei. Als wir das Wort »Front« hörten, lächelten wir nur beklommen. Wir wußten nun also, was unser wartete.

Aber noch einmal wichen wir dem Schicksal aus, denn wenig später kam der Befehl, daß wir uns fertigmachen und auf K. zurückziehen sollten. Bald befanden wir uns wieder auf dem beschwerlichen Marsch durch den Schnee. Es war das letzte Mal, daß wir in der Kameradschaft unserer alten, in zahllosen schweren und guten Gemeinsamkeiten zusammengewachsenen Einheit beieinander waren.

Die Panik

Gegen Mittag kamen wir in K. an, das einen bedeutenden Bahnhof hatte, im übrigen aber ein trostloses und verlorenes Nest inmitten der weiten russischen Steppe war. Zum Empfang wurden wir mit der Masse der nach dort versprengten Truppen aller Waffengattungen von einem Fliegerangriff durcheinandergewirbelt, als ob ein riesiger, unsichtbarer Löffel das Menschengewimmel umrührte. Zerrissene Leiber verbluteten. Verwundete stöhnten. Getroffene Pferde schrien ihre Sterbensangst zum Himmel empor.

Mehr noch als über dieses Bild der Schändung der gottgeschaffenen Kreatur konnte man erschrecken über den Gleichmut, mit dem man es ertrug. Man hatte sich daran gewöhnt – in einer gefallenen Welt, deren Sehnsucht es doch sein sollte, daß auf ihrer Erde Blumen blühen, Kinder lachen und die Menschen sich lieben.

Als die Bomber das Ihre getan hatten, klaubten wir uns ohne allzugroße Aufregung aus den barmherzigen Vertiefungen eben dieser Erde wieder auf, halfen die Verletzten zusammenzutragen und sammelten uns, um Vermutungen darüber auszutauschen, wie sich die Lage entwickeln würde. Mancherlei Parolen gingen um, angefangen mit der, daß sich eine ungeheure deutsche Panzerarmee mit ganz neuen Waffen nahe, um die Russen endgültig zurückzuwerfen, bis zu jener, daß wir alle rettungslos verraten, verkauft und verloren seien. Ach, wie wir das alles bis zum Überdruß kannten! Jedenfalls war uns beim Anblick des von führungs- und ordnungslosen Soldaten überfüllten Ortes höchst unbehaglich zumute.

»Es ist was im Busch!« sagte Ede bedenklich und gab damit der allgemeinen Stimmung Ausdruck, daß die Situation auch einer Truppe, die Kummer gewohnt war, nicht geheuer erschien.

Da wir bei dem Fliegerangriff keine Verluste erlitten hatten und es nichts mehr zu helfen gab, führte uns Oberleutnant Gernoth zur Ortsmitte, um dort in den etwas größeren Häusern so etwas wie eine Kommandantur oder einen Führungsstab zu suchen. Den aufgeregten Major mit seinen Männern hatten wir in dem Durcheinander verloren.

Auf der Hauptstraße empfing uns ein beängstigendes Gedränge. Lange Kolonnen nebeneinander aufgefahrener und nur schrittweise vorrückender bespannter Trosse hatten die Straße hoffnungslos verstopft. Dazwischen waren Personen- und Lastautos eingekeilt. Ihre Fahrer hupten, die Pferde wieherten, die Rosselenker fluchten. Welch ein glücklicher Zufall, daß hier keine Bomben gefallen waren!

Nur mühsam, indem wir uns hindurchdrängten und die Fahrzeuge überkletterten, gelang es uns, die gegenüberliegende Straßenseite und einen großen Platz zu gewinnen, auf dem ein Schild das größte Gebäude tatsächlich als Kommandantur auswies. Unser Alter verschwand im Haus.

Vor der Tür war eine Wagenkolonne aufgefahren, die von schimpfenden und aufgeregten Landsern beladen wurde. Kisten und Lasten wurden aus dem Hause geschleppt, die keineswegs immer nach kriegerischer Notwendigkeit aussahen. Auch das kannten wir und blickten uns nur vielsagend an.

Leutnant Scholz rief Ede heran. »Hören Sie mal, Buckow, treten Sie doch der Sache mal näher! Ist Ihnen nicht auch flau zumute?«

»Herr Leutnant wollen mich zum Kameradendiebstahl verleiten?«

Ehrsame Entrüstung blitzte Scholz aus unschuldigen Augen entgegen.

»Du Taps, mach schon, sonst brausen die Herren noch ab!«

lachte Scholz. »Aber bring keinen Schreibtisch oder Lehnsessel!«

Ede zog grinsend ab. Harmlos und gleichgültig schlenderte er an die Wagen heran und schaute mit matter Anteilnahme dem geschäftigen Treiben zu. Doch gefällig, wie er nun einmal war, faßte er bei einer besonders umfangreichen Kiste zu und zeigte sich auch weiterhin nützlich. Bald sahen wir ihn in einem lebhaften Gespräch mit dem aufsichtführenden Feldwebel. Doch schien das Ergebnis gleich Null zu sein, denn er zog sich unauffällig zurück. Plötzlich war er verschwunden, und erst nach zehn Minuten hörten wir ihn aus einer anderen Tür des Gebäudes auf den Fingern pfeifen. Doch galt das Singnal nicht uns, sondern dem fremden Feldwebel, der sich auch suchend umwandte und auf Edes Winken in der gleichen Tür verschwand.

Nach einer kurzen Weile erklang der gleiche Pfiff, dieses Mal aber nicht aus der Tür, sondern von der Hausecke her, wo Ede uns mit undurchdringlichem Gesicht erwartete. Er hatte die Tarnjacke ausgezogen und neben sich auf den Schnee geworfen.

»Nanu, Buckow, leiden Sie an Hitzezuständen?« fragte Scholz und trat erwartungsvoll gegen die aufgebauschte Jacke. Sein Fuß traf auf etwas Festes. »Na, was ist denn?«

»Ein Häppchen Butter«, erwiderte Ede.

»Ein Häppchen? Wieviel denn?«

»Fünfundzwanzig Pfund.«

»Mensch, Ede, biste verrückt geworden?«

»Tja, weniger wollte der Bulle nicht hergeben!«

»Geschenkt?«

»Nein, getauscht, ganz reell, Herr Leutnant!«

»Was haben Sie denn gegeben?«

»Eine Maschinenpistole.«

»Hatten Sie denn eine übrig?«

»Nein, nicht direkt! Aber oben hatte einer mir eine an den Haken gehängt.«

»Mensch, Buckow, eine Waffe ...!«

»Ach, Herr Leutnant, ist nicht so schlimm! Das sind hier gute Menschen. Die haben bis jetzt höchstens mal auf dem Schießstand geschossen.«

Tief befriedigt umstellte unser Haufe Ede und seine nahrhafte Jacke. Im Augenblick war der mächtige Butterwürfel aufgeteilt. Jeder bekam etwa ein halbes Pfund. Wie lange hatten wir keine Butter gesehen!

»Brot müßten Sie mal holen, Herr Leutnant! Das gibt's offiziell. Am besten, Sie nehmen zehn Mann mit und bringen fünfzig Stück. Wer weiß, wann es mal wieder was gibt! Und die sind froh, wenn sie es loswerden. Durch den Haupteingang, dann rechts den Gang runter, nach links führt eine Treppe in den Keller, und da die letzte Tür ...«

»Ich bewundere Ihre Ortskenntnis, Buckow, aber kommen Sie doch mit!«

»Es ist ganz ohne Gefahr, Herr Leutnant, das können Sie allein. Und das Haus möchte ich doch nicht wieder betreten — bei meinem zarten Gewissen. Sie wissen doch, darin bin ich empfindlich ...«

So nahmen wir, von der winterlichen Sonne ein wenig erwärmt, eine kräftige Mahlzeit ein, von der wir nicht ahnten, wie wichtig sie für uns werden sollte. Die Stimmung hob sich, und wir warteten friedlich, bis der Chef, dessen Portion Ede sorgsam eingepackt hatte, wieder aus dem Hause kommen würde.

Unterdes sahen wir zu, wie das Beladen der Autos beendet wurde und Offiziere in Pelzmänteln und warm eingepackte Mannschaften aufstiegen. Wir tauschten die bei solchen Gelegenheiten üblichen bitteren und höhnischen Bemerkungen aus, ohne es allzu böse zu meinen. Es war der Neid, der unsere Worte diktierte, und jeder von uns hätte wohl gar zu gern selbst auf einem der Wagen gesessen. Wir konnten genausowenig wie die Abfahrenden wissen, daß die Fahrt schon eine Stunde später in Tod und Verderben münden würde. Langsam schob sich die Kolonne in die wie ein zäher Brei dahinfließenden Reihen der Fahrzeuge auf der Hauptstraße und entschwand unseren Blicken.

Als Oberleutnant Gernoth endlich wieder zu uns trat, rief er uns zusammen und berichtete, daß Stabsoffiziere vom Korps den Befehl über den Ort übernommen hätten und schnellstens dessen Verteidigung organisieren wollten. Wir sollten vorerst zwei uns zugewiesene Häuser beziehen. Ein Verkehrskommando sei bereits unterwegs, um den verstopften Ortsausgang frei zu machen und so rasch wie möglich die Trosse und wertvolles Material abzutransportieren. Funkverbindung zur Armee herzustellen, werde versucht. Mit einem Stoß der Russen auf K. sei noch heute mit voller Sicherheit zu rechnen. Einige leichte Feldhaubitzen mit Bedienung und Munition sowie eine Anzahl Infanteriegeschütze stünden zur Verfügung. Leider sei aber für die Nebelwerfer, die wir in einer Seitenstraße aufgefahren gesehen hatten, keine Munition vorhanden.

Als wir wieder auf der Hauptstraße waren, um uns von einem Melder des Stabes in unsere Unterkunft führen zu lassen, bemerkten wir, daß sich die Fahrt der Kolonnen tatsächlich flüssiger vollzog. Gegen den Strom kamen wir, dicht an die Häuser gedrängt, nur langsam vorwärts.

Gerade schienen wir am Ziel zu sein, denn vorn wurde gehalten, als jäh wie ein Erdbeben die Panik ausbrach. Woher das Gerücht kam, wo es zuerst wie der Anfall eines Wahnsinnigen ausbrach und die Köpfe und Herzen verwirrte, wußte später niemand zu sagen. Jedenfalls stand plötzlich, tausendfach wiederholt, der Aufschrei über der Masse: Russische Panzer im Ort!

Von einem Augenblick zum anderen veränderte sich das Bild so völlig, wie es mir bisher nur im Film möglich erschien. Ein trüber, langsam dahinziehender Fluß verwandelte sich unter der Berührung eines Zauberstabes in einen wild brausenden, alle Dämme einreißenden Strom. Es mußte aber der Satan selber sein, dessen Hand den Zauberstab führte.

Mit einem Male rasten die eben noch trübsinnig dahinziehenden Pferde. Die Wagen sprangen über das holperige Pflaster. Die Fahrer brüllten und schlugen wie besessen auf die Tiere ein. Die Motoren der Autos heulten auf. Die Vorderhufe der Pferde dröhnten auf den Dächern der niedrigen Limousinen. Aus den Häusern und von den Straßenseiten stürzten sich Soldaten scharenweise in das wilde Getümmel, schwangen sich auf Troßwagen, hingen an Autos, umklammerten Pferdehälse und wurden von der Flutwelle hinweggerissen.

Geradezu unheimlich und unwirklich aber war es anzusehen, daß die unentwirrbar ineinandergekeilte Masse von Wagen, Tieren und Menschen in diesem irrsinnigen Tempo tatsächlich vorwärts kam. Jeden Augenblick, so dachte man, müßten die nebeneinander Rad an Rad dahinrasenden Kolonnen übereinanderstürzen und müßte der Spuk erstarren. Das Ganze jedoch war eine mächtige, einheitliche Woge, die unaufhaltsam dahinströmte. Wo verkrampfte Fäuste erlahmten, sah man Leiber in den Strudel stürzen. Sie wurden zertrampelt. Aber was kümmerte das den Herrn dieser aus den Fugen geratenen Stunde! Sein war der Triumph! Ohne Erbarmen schwang er die Geißel der Angst über den von der Panik betäubten Herzen.

Leutnant Scholz und ich standen an eine Hauswand gepreßt. Mit einem Arm hielten wir uns fest umschlungen, mit der anderen Hand hatten wir die Bank eines nach innen geöffneten Fensters gepackt.

Wir krampften uns fest, um nicht hinweggerissen zu werden. Aber taten wir es nicht auch, um einer schrecklichen Versuchung zu widerstehen: der Versuchung, die wie ein innerer Sog an uns zerrte, uns selbst ohne Besinnung in den Rausch der Flucht zu stürzen?

»Das ist schrecklich, Farnholt, schrecklick . . . !« hörte ich Scholz ächzen.

»Das ist der Mensch«, schrie ich zurück, »der Mensch im Fortschritt!«

»Quatsch nicht! Komm lieber rein!« rief eine Stimme über uns. Wir sahen Edes bleiches Gesicht in dem Raum hinter dem Fenster. Er hatte natürlich im richtigen Augenblick vor der richtigen Haustür gestanden. Nacheinander zog er uns durch das Fenster in das Zimmer.

»Wehe, wenn sie losgelassen . . .!« empfing er uns, aber seine Lippen zitterten. Auch uns war noch nicht wieder nach seinen Späßen zumute.

Gebannt starrten wir nach draußen. Allmählich versiegte der Strom. Schon fuhren die Fahrzeuge einzeln. Wir sahen ein paar höhere Offiziere, wahrscheinlich vom Korpsstabe, mitten auf der Fahrbahn die Wagen und Autos anhalten und die Besatzung herunterholen.

Gerade vor unserem Hause hatte Oberleutnant Gernoth einen Volkswagen gestellt und forderte die Insassen zum Aussteigen auf. Sie schienen sich zu weigern. Gernoth zog seine Pistole. Eine hysterisch schreiende Stimme brüllte im Befehlston auf ihn ein. Er blieb höflich, aber unerbittlich. Im Wagenfenster erschien ein rotes, verzerrtes Gesicht.

Indem ich mit einem flüchtigen Blick den gewalttätigen Major von gestern erkannte, fuhr der Wagen plötzlich an. Gernoth sprang gerade noch rechtzeitig zur Seite. Er riß die Pistole empor, schoß aber nicht, sondern ließ die Waffe wieder sinken. Unterdes jagte der Wagen davon, dem Strome nach, als könne er seine Insassen nicht schnell genug in den Tod fahren.

Denn das erfuhren wir noch am gleichen Tage von ein paar Überlebenden, die in den Ort zurückkehrten: der Russe hatte mit seinen schnell und ohne Widerstand vordringenden Panzern K. von beiden Seiten umfahren, also regelrecht ausgespart, um durch den zu erwartenden Widerstand keine Zeit zu verlieren, hatte westlich des Ortes die Rollbahn, die einzige Ausfahrtstraße, besetzt und unsere herausjagenden Kolonnen zusammengeschossen und rettungslos ineinanderfahren lassen. An der Szene, die sich vor unseren Augen abgespielt hatte, konnten wir das Ausmaß der Katastrophe ermessen.

Wir aber saßen wie die Maus in der Falle. Das wußten wir zwar noch nicht, als wir jetzt auf die Straße hinauseilten, aber wir ahnten es.

Überall sammelten sich kleine Trupps. Wir scharten uns um unseren Alten. Es durfte keine Zeit verloren werden. Jeder Einsichtige erkannte, daß wir den Ort auf Gedeih und Verderb bis zum Dunkelwerden halten mußten. Bekamen ihn die Russen eher in die Hand, war jede Möglichkeit der Rettung ausgeschlossen.

In fliegender Hast gab der kommandierende Oberstleutnant seine Befehle. Es war wahrhaftig keine starke Kampfgruppe, die an den Ostausgang des Dorfes geworfen wurde. Auch von uns fehlten fast zwanzig Mann, die freiwillig oder unfreiwillig von der Flutwelle hinweggespült waren. Zu unserer Verstärkung wurden zwei Infanteriegeschütze mitgeführt. Das war zur Panzerbekämpfung mehr als dürftig. Dabei mußten wir damit rechnen, daß die T 34 jeden Augenblick vor uns auftauchten.

Doch so sehr wir danach ausspähten, wir bemerkten nichts Verdächtiges, und so sehr wir horchten, unsere Ohren vernahmen nicht das vertraute Rasseln der Kettenfahrzeuge. Wo waren die russischen Panzer, welche die Panik ausgelöst hatten?

Ungehindert gelangten wir an den Ausgang des Ortes, wo wir vor ein paar Stunden erst hereingekommen waren. Rechts und links der Straße, in Deckung der letzten Hütten, fanden wir eine kleine Kampfeinheit, die sich unter Führung eines Leutnants selbständig gemacht hatte. Es waren versprengte Infanteristen unserer Division.

Von ihnen hörten wir, daß vor einer guten Stunde zwei russische Panzerspähwagen auf der Rollbahn bis dicht an K. herangefahren, auf Infanteriebeschuß aber sogleich wieder umgekehrt und verschwunden seien. Seitdem habe sich nichts wieder gerührt. Allerdings seien auch keine Landser mehr durchgekommen, so daß man annehmen müsse, die Russen hätten jetzt die Rollbahn völlig unter Kontrolle.

Dieser Bericht deckte sich mit unseren eigenen Vermutungen. Das Erschütternde daran war allein, daß tatsächlich die beiden kleinen Kampfwagen und das bißchen Schießerei jenen furchtbaren Ausbruch der Massenangst hervorgerufen hatten.

Gernoth veranlaßte den fremden Leutnant mit seinen Männern, hier in Stellung zu bleiben, bis die Verteidigung organisiert sei. Er selbst wolle den Zuwachs beim Kommando melden und für Befehlsverbindung sorgen. Die beiden Geschütze sollten vorerst hier in Stellung bleiben, bis stärkere Waffen herangeführt würden.

Darauf trabten wir denselben Weg zurück und bezogen endlich das uns zugewiesene Quartier. Das Haus stand leer. Es hatte schon vor uns als Truppenunterkunft gedient. Da uns aus dem Raume eine bittere Kälte entgegenschlug, machte sich Ede daran, in dem mächtigen Ofen ein Feuer zu entfachen, während Scholz und ich noch einmal losgingen, um zu sehen, ob wir nicht den einen oder anderen unserer vermißten Kameraden wieder auftreiben könnten.

Ein schneidender Ostwind sprang uns ins Gesicht. Die Müdigkeit machte uns trotz der warmen Kleidung empfindlich. Die wilde Flucht der Kolonnen hatte auf der Straße doch mehr Spuren hinterlassen, als wir vorhin bei dem eiligen Abmarsch bemerkt hatten.

Zerbrochene Wagen standen herum und zerbeulte und umgestürzte Autos. Tote Pferde hingen in ihrem Geschirr. Zwischen Koffern und Kisten lagen die verrenkten Leichen der Überfahrenen und Zertretenen.

Obgleich uns die gewohnten Bilder des Grauens längst abgestumpft hatten, stießen wir an einer Straßenecke auf eine Szene, die uns innerlich wirklich anpackte: Über der aufgesplitterten Kiste irgendeiner Zahlmeisterei, in der sich eine große, offenstehende Kassette voller Geldscheine befand, hingen die ineinandergekrampften Leichen zweier Soldaten. Sie hatten sich wohl mitten in dem Aufruhr um das Geld geschlagen, ein dritter, vielleicht gleichfalls ein Marodeur, vielleicht auch einer der Offiziere, die Ordnung schaffen wollten, hatte sie mit Genickschüssen getötet. Jetzt aber lagen zwei andere über der Kiste und stopften sich gierig die Taschen voll mit dem blutbesudelten Geld. Erst als sie ganz in der Nähe unsere Schritte hörten, sprangen sie auf und rannten davon.

Vor unseren Füßen lag ein Vermögen. Nie aber war mir das biblische Wort »Mammon« in seiner ganzen dämonischen Tiefe lebendiger vor die Seele getreten, selten das Satanswerk des großen Verfälschers aller irdischen Werte eindrücklicher geworden als beim Anblick dieser ihm Verfallenen, der toten und der lebendigen.

Das ungefähr sagte ich auch zu Scholz.

Er war verwirrt. Daß einer einen Bauchschuß bekam oder von einer Granate zerrissen wurde, hielt er für natürlich und wertete es als ein Opfer auf dem Wege zu der nach seiner Ansicht dahinter aufsteigenden neuen, besseren Ordnung. Dieses aber wollte sich nicht in seine Vorstellung von Welt und Leben fügen.

»Was sind das für Menschen . . .!« sagte er hilflos.

»Ja – angesichts des Todes so völlig von der Gier übermannt! Mußten sie nicht damit rechnen, daß sie heute noch fielen? Was sind das für Menschen, die sich so zum Tode bereiten – da uns doch der Weg gezeigt ist.«

»Das hat nichts damit zu tun!« wehrte Scholz lebhaft ab. »Wollte man immer daran denken, käme man um vor Angst!«

»Sie meinen, man könnte die Angst totschweigen? So tun, als ob sie nicht da wäre? Die stärkste Waffe des Satans? Haben wir nicht gerade erlebt, wie die heruntergepreßte Angst ausbricht gleich einer Explosion und die Menschen ihrer Würde beraubt und sie zerbricht? Und dieses hier – ist Gier nicht auch nur eine Form der Angst?«

»Haben Sie denn keine Angst, Farnholt?«

»Ich glaube, ich habe von Natur aus mehr Angst als die meisten.«

»Wieso können Sie aber dann ruhig und tapfer sein?»

»Ich lasse mir die Angst immer wieder vom Herzen nehmen. Ich glaube an den, der auch zu mir sagt: ›In der Welt habt ihr Angst, aber seid getrost, ich habe die Welt überwunden.‹ In ihm ist uns der Frieden des Herzens zugesprochen — mitten in diesem Grauen . . .«

»Wo steht das? Wer sagt das?« fragte er begierig.

Ich blickte ihn mißtrauisch an. Wollte er mich verspotten? Aber seine Frage barg tatsächlich keine Verstellung. Er wußte es einfach nicht — gleich den meisten seiner Generation. Das verwirrte mich. War das die künftige Situation der Kirche, vor Menschen zu stehen, die noch nicht einmal etwas von dem Inhalt des abendländischen Glaubensgutes wissen? Wie kann man dann von ihnen fordern, daß sie glauben sollen?

»Jesus Christus verheißt es, und es steht in der Bibel.«

»Also auch nur so eine Pastorensache!« Es war schmerzlich zu sehen, wie Scholz sichtlich enttäuscht war.

»Nein, eine Menschensache! Meinen Sie nicht, daß auch ein Pastor nur ein Mensch voller Angst ist, manchmal nur — ohne sein Verdienst, schrecklich gedemütigt in seiner Unzulänglichkeit — ein Sprachrohr Gottes? Was ich Ihnen hier sage — und Sie dürfen mir glauben, daß ich mich selbst dazu überwinden muß —, ist Zeugnis meiner Erfahrung! Ich könnte nicht leben ohne den, der in meinem Gebet zu mir kommt und mir immer wieder hilft.«

»Und das alles bilden Sie sich nicht nur ein?« fragte Scholz ungläubig.

»Haben wir uns die schrecklichen Bilder des heutigen Tages etwa nur eingebildet? So wie ihre Wirklichkeit hinter der sonstigen Glätte unseres Lebens lauert, steht auch die trostvolle Wirklichkeit Gottes hinter den Dingen. Sehen Sie, darum bewegten sich unsere bisherigen Gespräche über Ideen und

Weltanschauungen so sehr im Vorfeld. Christlicher Glaube ist aber ebensowenig Idee und Weltanschauung wie der Mensch selbst, wie seine Angst, seine Gebundenheit.«

»Das alles verstehe ich nicht. Das heißt, ich verstehe wohl, was Sie meinen, aber es sagt mir nichts.«

»Es sagt Ihnen noch nichts. Aber Sie fragen. Wer fragt, hat Sehnsucht. Vielleicht handelt Gott eher an den Sehnsüchtigen als an den Sicheren. Aber nun kommen Sie! Lassen Sie uns diese Unglückskassette zur Kommandantur bringen, daß sie nicht noch anderen zur Versuchung wird.«

Doch ehe wir gingen, betete ich halblaut ein Vaterunser für die armen Seelen der beiden Toten. Scholz blickte mich, als ich geendet, seltsam an, entgeistert, beschämt und bestürzt zugleich.

Als wir die Kommandantur wieder verließen, trafen wir unseren Oberleutnant. Sein sonst so gelassenes Gesicht war ernst. Dieser Ernst wirkte an dem blutvollen, lebensfreudigen Manne bedrückend.

»Na, ihr beiden Hübschen? Kommt mit, wir wollen zu unserem Verein gehen!«

Er fragte nicht, was wir hier täten. Er kannte jeden seiner Untergebenen ganz genau. Wir erzählten ihm, was wir erlebt hatten. Er sagte nur: »Ja, die Maske fällt, und man erblickt das unverhüllte Angesicht.«

Einen Augenblick schwieg er nachdenklich, dann fuhr er lebhaft fort: »Wißt ihr, alles, was wir heute an Unordnung erlebt haben, das war kein Zwischenspiel. Das war ein Anfang! Es ist der Beginn der Auflösung!« –

»Meinen Sie nicht, daß man noch auf allen Seiten zur Einsicht kommt und ein Ende macht?« fragte Scholz.

Gernoth sah ihn einen Augenblick an. »Nein«, erwiderte er hart, »ein Mann wie Hitler kann nicht aufhören! Er hatte ungeheure Möglichkeiten, denn er ist ein Genie. Aber er hat seine Seele verkauft und von den zwei Wegen, die er hätte gehen können, den dunklen gewählt. Ein Ende wird erst kommen, wenn in Deutschland kein Stein mehr auf dem anderen steht!«

Ich sah, wie Scholz erschrak. Es war seine Welt, der so unbarmherzig der Schleier abgerissen wurde. Zögernd sagte er: »Das ist aber doch unmöglich!«

»Gott gebe, daß ich unrecht habe! Aber ich glaube es nicht«, sagte Gernoth müde.

»Und was soll hier werden?« fragte ich.

Der Oberleutnant zuckte die Achseln. »Tja, was soll hier werden? Der Beobachtungsflieger hat eine Lagemeldung abgeworfen. Wir sitzen im Kessel. Befehl von der Armee: bis zum letzten Mann – das Übliche. Mal sehn, ob wir uns raushauen können, wenn es dunkel ist. Jedenfalls geht's bald los.«

»Wenn wir Pech haben, haben wir bis dahin schon ins Gras gebissen«, sagte Scholz.

»Ich sehe zwar kein Gras, aber im Prinzip haben Sie so ziemlich recht«, antwortete Gernoth. »Ein merkwürdiges Gefühl ist es schon, dem stillen Kameraden ins Auge zu sehen. Man hat Frau, Kinder, ein Haus, einen Beruf, man hat nur ein einziges Leben – und plötzlich aus, hier hinter der Welt im Schnee . . .«

»Vielleicht wäre es nicht so merkwürdig, wenn man immer so lebte, als wenn man sterben müßte«, warf ich ein.

»Kein übles Sprüchlein für einen Pastor in Preußens Ehrenkleid«, lachte Gernoth. Doch seine Augen blieben ernst. »Aber wie stellt sich der Herr Unteroffizier das vor – hier . . .?«

»Es ist die schwerste Kunst des Christenmenschen«, sagte ich ruhig. »Manchmal ist es mir schon gelungen, zum Beispiel neulich in dem endlosen Trommelfeuer. Es kommt darauf an, was der Tod für uns ist, ob Zerstörung und Absturz oder aber Heimkehr, Frieden in Gott . . .«

»Also gut, Heimkehr – ich danke Ihnen, Farnholt«, sagte Gernoth.

Leuchtende Girlanden

Nach kaum einer Stunde war die Rundumverteidigung organisiert. Der Stab schien mit seinen völlig ungenügenden Möglichkeiten gut zu arbeiten. Die leichten Feldhaubitzen wurden an den kritischen Punkten in Stellung gebracht, ein Teil der Infanteriegeschütze zum beweglichen Einsatz bereitgehalten. Die zur Verfügung stehenden Mannschaften wurden um den Ort verteilt. Zur Bildung einer auch nur kleinen Reserve fehlten allerdings die Kräfte.

Gegen zwei Uhr nachmittags begann der Angriff mit Panzerbeschuß von Osten und Süden. Unsere paar Geschütze schossen sich in der Abwehr schnell ein, und dicke schwarze Rauchpilze im Gelände zeigten ihre Erfolge. Aber was bedeutete das schon bei dem anscheinend unerschöpflichen Material der Russen! Immer heftiger wurde ihr Feuer. Wir hatten die ersten Verluste. In unserem Rücken begannen die Häuser zu brennen.

Wir lagen an der langen Nordseite von K., das in seinem Aufbau ein ausgedehntes Straßendorf war. Vor uns stiegen in sanften Hängen weite, schneebedeckte Felder auf. Wie schön konnten sie sein, wenn das heitere Spiel des Sommerwindes die endlosen sattgelben Weizenäcker überwogte oder die heiße Sonne die mächtigen Sonnenblumenschläge in ein einziges unbewegtes Leuchten verwandelte!

Jetzt aber wurde alle Schönheit, auch die der erhabenen Himmelsglocke über dem blendenden Schnee, aufgesogen von der Anspannung, zu der wir unsere Sinne zwangen. Aller Augen tasteten wieder und wieder die weite Fläche vor uns ab. Keinem von uns entgingen die zahlreichen dunklen Punkte, die plötzlich über dem Horizont auftauchten und von der Höhe unregelmäßig und beweglich, oft deutlich sichtbar, das reine Weiß des Schnees sprenkelten und langsam den Hang herabsickerten.

Noch waren sie zu weit entfernt, als daß wir den Kampf mit Infanteriewaffen hätten aufnehmen können. Aber die ersten näherten sich schnell, während immer neue Wellen über die Höhe fluteten. Es war ein beklemmendes Gefühl, die Massen der russischen Infanterie angreifen zu sehen und gleichzeitig zu wissen, daß uns der Rückzug abgeschnitten war. Nichts kauft dem Soldaten mehr das Herz ab, als die Überlegenheit des Feindes vor Augen zu haben und doch nichts tun zu können. Aber es half uns nichts, wir mußten abwarten.

Plötzlich erschien auf der Höhe ein Fahrzeug und kam mit großer Geschwindigkeit auf uns zu. Bald erkannten wir, daß es ein mit zwei Pferden bespannter Schlitten war. Wir kannten den Anblick und waren sofort im Bilde. Die Russen, groß im Improvisieren und mit den Möglichkeiten und Unmöglichkeiten ihres Landes vertraut, hatten einen Granatwerfer auf den Schlitten montiert. Gerade mit diesen Methoden, die anfangs bei uns oft als primitiv verlacht wurden, hatte sie große, für uns aber schreckliche Erfolge, während unsere viel zu komplizierte Kriegsmaschinerie in diesem Lande des Staubes, des Schlammes und des Schnees einfach versagen mußte.

Die Besatzung des Schlittens, der da auf uns zuraste, mußte geradezu tollkühn sein. Längst war er im Feuerbereich unserer Infanteriegeschütze, und ihre Einschläge spritzten immer näher um ihn auf. Als es ihm zu gefährlich wurde, wandte er sich jäh nach rechts und jagte parallel zu unserer dünnen Front dahin, so daß er uns seine volle Breitseite darbot. Unsere Kanoniere richteten. Ein Schuß saß kurz dahinter, der nächste war ein Volltreffer. Schlitten, Pferde und Männer wirbelten mit der aufsprühenden Schneefontäne empor und sanken nieder — ein dunkler Fleck im unberührten Weiß.

Vielleicht aber hatten sich die Männer dieses Schlittens bewußt geopfert. Denn während wir alle gebannt dem erregenden Schauspiel folgten, waren neue Schlitten herangeprescht und hatten sich die russischen Schützen näher herangeschoben.

Und plötzlich hob es an, das längst gewohnte Höllenkonzert der Lüfte, in denen die Kugeln pfiffen und die Granaten heulten. Nur die Granatwerfer schickten ihre tödlichen Boten unheimlich lautlos herüber. Erst ihre Explosion zeigte sie an, oftmals zu spät.

Damit war auch für uns das zermürbende Warten vorüber. Das harte, ungeliebte Handwerk des Krieges wurde mit einer Präzision geübt, als ob wir zeitlebens nichts anderes getan hätten. Der stürmische Angriff kam sofort zum Erliegen. Zum tausendsten Mal begann jenes zähe, erbitterte Ringen zwischen den Männern hier und drüben, die allesamt lieber den Pflug geführt, den Hammer geschwungen oder die Feder in der Hand gehalten hätten.

Wir wehrten uns mit einer Verbissenheit, für die sicherlich das große und oft mißbrauchte Wort »heldenhaft« angebracht sein würde, wenn uns nicht die bittere Notwendigkeit getrieben hätte. Jeder wußte, um was es ging. Wir lagen tief in den Schnee gepreßt, jede Deckung nutzend, und kämpften kaltblütig um unser bißchen Leben. Die Läufe der Karabiner zischten auf der eisigen Auflage. Die Kanoniere, die mitten zwischen uns ihre Geschütze aufgefahren hatten, schwitzten, schimpften und lachten grimmig. Die Maschinengewehre schluckten in kurzen, gut gezielten Feuerstößen gierig ihre Gurte ein. In unseren Ohren heulte und krachte, knatterte und pfiff es, daß der ganze Kopf dröhnte. Aber wir hielten uns.

Leutnant Scholz und Lüpke hatten sich sogar mit einem MG in einem Graben gegen fünfzig Meter weit vorgeschoben und beherrschten von dort aus ein für die Angreifenden gefährliches Schußfeld.

Die Russen kamen nicht recht weiter. Immer wieder versuchten sie vorzuspringen, immer wieder mußten sie in den Schnee. Sie gewannen nur langsam an Boden. Längst waren auch vor unserem Abschnitt, von der östlichen Rollbahn auffahrend, Panzer erschienen. Sie störten uns sehr, da man ihre Abschüsse aufblitzen sah und man dann unwillkürlich in volle Deckung ging. Unsere Ausfälle wurden immer größer, während der Russe seine Verluste laufend ergänzte und den Angriff verstärkte.

Ein Offizier vom Stabe kam herangekrochen und berichtete, daß auch die anderen Abschnitte der Verteidigung sich noch hielten. Die dickste Luft sei außer hier bei uns vor allem am ostwärtigen Ortsausgang, wo die Russen von der Rollbahn her drückten. Zweimal sei ein Panzer bis in die Verteidigungslinie vorgedrungen, aber beide seien in direktem Beschuß auf kurze Entfernung von dem dort postierten 10,5 cm-Geschütz erledigt worden. Leider seien einige der Haubitzen bereits ausgefallen, und die Munition für die restlichen gehe zu Ende.

Was dann werden solle, hörte ich Gernoth fragen. Der Major zeigte ein verschlossenes Gesicht: noch gelte der Befehl vom AOK, den Ort bis zum letzten Mann zu halten.

»Was soll das für einen Sinn haben?« fragte Gernoth.

»So viel russische Truppen wie möglich binden, damit man Zeit findet, irgendwo hinten eine neue Verteidigungslinie aufzubauen.«

»Wir halten uns höchstens noch ein paar Stunden. Lohnt sich deshalb das Opfer?«

Der Major leise: »Wir können ja sowieso nicht mehr weg.«

Gernoth blickte ihm scharf in die Augen, sagte aber nichts, sondern wandte sich wieder dem Kampfe zu, indes der Major in die Deckung der brennenden Häuser zurückkroch.

Unterdes hatten die Russen das Maschinengewehrnest von Scholz und Lüpke ausgemacht und deckten es schwer ein. Ich wies unseren Alten auf die Gefahr hin, in der die beiden schwebten, und Gernoth, der jeden vermeidbaren Verlust haßte, befahl mir, sie zurückzuholen.

Doch war ich das Grabenstück kaum zur Hälfte emporgerobbt, als ich sah, daß es bereits zu spät war. Lüpke lag auf dem Rücken. Leutnant Scholz versuchte ihn mit sich zu ziehen. Ich beeilte mich hinaufzukommen. Der treuherzige Lüpke sah böse aus. Eine Werfergranate mit ihrer ungeheuren Splitterwirkung hatte ihn schrecklich durchsiebt. Sein Tarnanzug klebte von Blut. In seinem unverletzten Gesicht leuchteten groß und fern die blauen Augen. Man las in ihnen, daß er wußte, wie es um ihn stand.

»Hat mich erwischt«, flüsterte er mühsam.

»Hast du Schmerzen?« fragte ich ihn. Er schüttelte den Kopf.

Scholz hatte nichts abbekommen. Während uns Eisen, Dreck und Eisklumpen um die Ohren flogen, schleppten wir ihn in unsere Linie, und da es keinen Sanitäter gab, zogen wir ihn auf einen Wink Gernoths hinter die Hausreihe, hängten die schmale Tür eines der in Flammen lodernden Häuser aus und trugen ihn mit vieler Mühe, weil wir bei herannahenden Granaten immer wieder niedergehen mußten, in eine große Hütte, die man zum Verwundetensammelplatz bestimmt hatte und die merkwürdigerweise noch nicht brannte.

Der Raum war angefüllt mit dem wilden Geschrei der Verwundeten, dem schweren, bewußtlosen Stöhnen Sterbender und jenem atemraubenden Gestank, der gemischt ist aus Blut, Kot und Medikamenten. Zwei Ärzte, von denen der eine blutjung und unheimlich bleich aussah, arbeiteten mit verzweifelten Gesichtern, aber wunderbar ruhigen Händen an einem Verwundeten auf einem schmalen Tisch. Sie waren ohne Kittel, hatten die Ärmel ihrer Pullover aufgekrempelt und waren über und über mit Blut bespritzt.

Der Ältere warf einen Blick auf Lüpke. »Legt ihn hin, wo ihr Platz findet!« Er versuchte, seine Stimme zu beherrschen, aber in ihrem Unterton schwang der Zorn des guten, verantwortungsbewußten Arztes, der in völlig unzulänglichen Verhältnissen einen vergeblichen Kampf kämpfen mußte.

Dennoch trat er noch einmal heran, tastete den Verwundeten ab und sagte tröstend: »Ist nicht so schlimm! Mindestens ein Jahr Heimatlazarett!« Zu mir hin aber schüttelte er leise den Kopf und widerrief so die barmherzige Lüge. Dann wandte er sich wieder seinem Tische zu.

Wir suchten auf dem Fußboden, auf dem die Verwundeten wie Heringe nebeneinander lagen, vergeblich nach einem Plätzchen für unseren Kameraden.

»Moment«, rief ein kleiner Sanitäter mit einer riesigen Stahlbrille vor den kurzsichtigen Augen zu uns herüber, »der hier kann raus!« Und er packte einen der Körper, der ausgelitten hatte, unter den Armen und schleppte ihn vor die Tür.

Auf die dürftige Strohschütte, die nun frei geworden war, betteten wir Lüpke. Er hatte die Augen geschlossen und lag in tiefer Bewußtlosigkeit. Um seine Lippen hing ein ergreifendes Lächeln, das vielleicht das Wort des Arztes hatte erblühen lassen.

Wir standen dicht an der offenen Tür zu einem kleinen Nebenraum. Wie von ungefähr hob ich den Blick, und als ob ein Spuk mich narrte, sah ich plötzlich in ein bekanntes Gesicht. Ich trat näher. Tatsächlich hatte ich mich nicht geirrt. Auf einer Tragbahre lag unser Kamerad Männe Schwarz, der vor vier Tagen schon — noch in unserer alten Stellung — von einem Granatsplitter schwer am rechten Arm verwundet war und den wir längst über alle Berge wähnten. Wie war es nur möglich, daß man ihn, da die Rollbahn noch offen gewesen war, nicht abtransportiert hatte!

Seine Augen glänzten im Fieber. Aber er war in tiefster Seele erfreut, uns so unerwartet zu sehen.

»Servus, Herr Leutnant! Tag, Martin, alte Haut! Tja, da staunt ihr! Bin immer noch hier. Die mußten wohl erst ihre Butterkisten wegschaffen. Aber wir sollten auch heute noch weg! Sind alle abgehauen, aber nun sind ja neue Ärzte gekommen, die haben es versprochen!«

Er sprach hastig und mit stoßendem Atem. Er hatte wohl

viel Blut verloren und keine Pflege gehabt, denn seine Verwundung war wohl böse, aber nicht gefährlich gewesen. In seinem Blick flackerte Unruhe.

Er, der ewige Obergefreite Hermann Schwarz, war ein ruhiger, erfahrener Soldat. Aber dieses hilflose Herumliegen hatte ihn, der die Lage sicherlich einzuschätzen wußte, mit fiebernder Angst erfüllt. Es gab für uns alle keine größere Sorge, als verwundet irgendwo liegengelassen zu werden.

Mit seiner unverletzten Linken ergriff er Scholz bei der Hand. »Herr Leutnant, wenn die Ärzte nun auch geschwindelt haben, nehmen Sie mich dann mit, wenn Sie abhauen?«

»Mensch, Schwarz, wir müssen ja bleiben!«

Männe aufgeregt: »Ist schon alles dicht?«

Scholz wich aus: »Wir haben keine Übersicht. Heute morgen sind die Trosse noch weggekommen.«

»Aber Sie lassen mich doch nicht liegen, Herr Leutnant! Martin! Zur Not kann ich auch laufen! Aber hier in dieser Bude verrecken . . ., nein, ich will doch wieder nach Hause! Ich habe im letzten Urlaub geheiratet. Meine Frau schreibt, daß sie ein Kind . . . Ihr laßt mich doch nicht liegen, ich bitte euch . . .!«

Die Kehle war uns wie zugeschnürt. Sollten wir jetzt der Wahrheit gemäß sagen: Es geht nicht, wir wissen noch nicht einmal, ob und wie wir selber rauskommen? Sollten wir eine nichtssagende Redensart machen: Wir wollen sehen, oder: Es wird schon werden!?

Herrgott, betete ich für mich, laß uns eine Antwort finden, der wir uns nicht zu schämen brauchen.

»Ja«, sagte ich entschlossen, »wir nehmen dich mit!«

»Verlassen Sie sich darauf«, fügte Scholz hinzu, »wir vergessen Sie nicht, Schwarz! Es sei denn, wir sind selber dran . . .«

»Na, dann ist es ja gut«, sagte Männe erleichtert. »Für den Notfall, meine ich ja auch nur. Es kann ja auch sein, daß die Saniwagen noch kommen und uns holen . . .«

Das Herz war mir schwer. Würden wir unser Wort halten können? Ich kannte Männe schon seit vielen Jahren. Wir stammten aus der gleichen Stadt und hatten lange Zeit in derselben Mannschaft Fußball gespielt. Immer – damals und jetzt – war er ein so zuverlässiger Kamerad gewesen.

»Du, Martin«, bat er mich, »laß uns ein bißchen von Zuhause erzählen. Weißt du noch . . .?«

»Laß sein, Männe, nicht jetzt! Wir müssen los. Mach's gut und halt die Ohren steif!«

Wir verabschiedeten uns und gingen. Da rief mich Männe noch mal zurück. Er war sichtlich verlegen. »Hör, Martin«, flüsterte er zögernd, »ich grübele, wenn ich hier so allein liege, immerzu an etwas herum. Wir haben früher mal ein Lied gelernt, in der Schule oder im Konfirmandenunterricht, das hieß: Befiehl dem Herrn deine Wege – weiter kann ich es nicht mehr richtig. Ich möchte es aber gern wissen! Du müßtest es doch kennen!«

»Ja, natürlich, Männe, hör zu!« Und ich begann: »Befiehl du deine Wege und was dein Herze kränkt . . .«

»Sag's laut, ich will es auch hören!« rief ein Verwundeter, der neben Männe lag.

Da sprach ich den trostvollen Vers laut und vernehmlich. Alles Durcheinanderreden war mit einem Male still. Nur die Sterbenden stöhnten, und der Kampfeslärm dröhnte herein.

»Befiehl du deine Wege
und was dein Herze kränkt
der allertreusten Pflege
des, der den Himmel lenkt;
der Wolken, Luft und Winden
gibt Wege, Lauf und Bahn,
der wird auch Wege finden,
da dein Fuß gehen kann.«

Nebenan im großen Raum weinte einer laut auf. Mir fiel etwas ein. Ich zog mein Feldgesangbuch aus der Tasche und riß die Seiten mit dem Liede heraus. »Hier nimm!«

Scholz rief mich. Der ältere der beiden Ärzte sagte leise zu ihm hinüber: »Lassen Sie ihn man, Kamerad, das ist hier vielleicht eine größere Hilfe, als wir sie noch geben können.«

Scholz hatte verdächtig feuchte Augen. »Das ist mehr, als man vertragen kann . . .«, murmelte er. »Aber nun los, Farnholt, wir müssen wieder hin!«

Im gleichen Augenblick kam der kleine Sanitätsgefreite uns nachgelaufen und sagte zu Scholz: »Den Sie da gebracht haben, Herr Leutnant, mit dem ist es schon vorbei!«

Hastig kehrten wir nochmals um. Lüpke war tot. Das wunderbare Lächeln stand unverändert auf seinem Gesicht. Wir trugen ihn hinaus und legten ihn draußen zu den anderen in den Schnee. Ich nahm seine Erkennungsmarke und seine Papiere an mich. Es war ein Bild dabei, das zeigte eine blühende Frau und drei Kinder mit Lüpkes unschuldigem Gesicht.

Ich sprach ein stilles Gebet und schlug das Zeichen des Kreuzes über ihm. Auch Scholz, der Spötter und Zweifler, faltete die Hände.

Es waren nur wenige Minuten vergangen, seit wir Lüpke hergebracht hatten. Dennoch beeilten wir uns, wieder in unsere Stellung zu kommen.

Zu unserem Erstaunen stieß unterwegs Ede zu uns. Er habe eine Meldung von unserem Alten zum Stabe gebracht, berichtete er. Es sehe brenzlig aus. Er habe das dumpfe Gefühl, als ob der Wehrmachtsbericht nächstens mal wieder geringfügige Einbrüche der Russen melden werde. »Die natürlich sämtlich abgeriegelt wurden«, fügte er grimmig hinzu.

Wir kamen an einem großen stehengebliebenen Omnibus vorüber.

»In diesem Monstrum habe ich vorhin etwas Herzerfeuendes für alleinstehende Herren in verzwickten Situationen gefunden!« rief Ede uns zu, sprang in den Wagen hinein und erschien gleich darauf wieder mit vier Kisten Zigarren. Er drückte jedem von uns eine in die Hand: »Erstklassig und hochfein, gleichmäßiger Brand und schneeweiße Asche, wie überall hier!«

Und er wies mit großartiger Gebärde auf die brennende Ortschaft. »Wer weiß, wann wir mal wieder an einem anständigen Zigarrenladen vorbeikommen! Der kluge Mann baut vor. Und diese kriegt der Chef.«

Er hatte wieder seinen verdächtigen Redefluß. Es mußte noch schlechter stehen, als wir annahmen. Während wir den willkommenen Raub in unsere Tarnjacken einknöpften und so taten, als ob es für uns keine Frage wäre, daß wir die Importen noch auf dieser Erde rauchen würden, berichtete uns Ede unterwegs von einer weiteren, aber wesentlich unangenehmeren Entdeckung.

»Man kann nicht sagen, daß sie es mir beim Stabe direkt erzählt haben – runter!« schrie er. Wir aber lagen schon, und die Splitter der Granate zischten über uns weg. »Also, das nicht«, fuhr er fort, nachdem wir uns wieder aufgerappelt hatten, »aber ich stand dabei, als ob ich nicht da wäre, und hörte zu. Da vernahm mein in langjährigem Kulissenklatsch geschärftes Ohr, daß eine Gruppe von Offizieren nach Anbruch der Dunkelheit ausbrechen will. Wir gehen mit, sage ich, ich will es schnellstens Herrn Oberleutnant melden. Da gucken mich die Herren an, als ob sie noch nie einen Obergefreiten gesehen hätten, der statt Stroh Grütze im Schädel hat. Ein ganz hohes Tier brüllt mich wie auf dem Kasernenhof an, ob er mich wegen beabsichtigter Fahnenflucht erschießen lassen solle. Ich antworte, von Fahnenflucht könne wohl keine Rede sein, wenn ich den Wunsch äußerte, meinen militärischen Führern folgen zu dürfen. Dabei mache ich meine Heldenbrust frei und lasse mein Lametta blinkern. Lacht einer und sagt: ›Der Kerl ist völlig durchgedreht.‹ Und ein anderer macht mir klar, daß es sich um einen Erkundungsvorstoß handle und ohne Schneehemd sowieso keiner mitkäme. Man wolle uns später aber heraushauen. Später ist gut, dachte ich bei mir. Ich wußte ja nun Bescheid, machte Männchen und fragte, was ich dem Herrn Oberleutnant denn nun melden solle. ›Die Stellung halten bis zum letzten Mann‹, war die sinnige Antwort. Ich hätte beinahe was gesagt! Ich also raus! Kommt doch das hohe Tier mir nach und sagte ganz freundlich: ›Bestellen Sie Ihrem Oberleutnant doch, daß ich ihn zu einer Lagebesprechung bitten lasse.‹ Nun frage ich Sie, Herr Leutnant: Was soll das? Wollen die abhauen und unseren Alten mitnehmen? Ich finde, das stinkt!«

Er hatte, während wir fast liefen, hastig und atemlos erzählt, da wir uns alle paar Schritt niederwerfen mußten. Das russische Feuer hatte sich verstärkt.

Scholz keuchte: »Wollen Sie damit sagen, daß der Chef uns sitzenließe? Blödsinniger Gedanke!«

»Nee, der Alte bestimmt nicht, aber die anderen – und daß er vielleicht Befehle kriegt, die uns hier festhalten«, antwortete Ede.

Mit einem langen Sprunge wollten wir die gefährliche Hauptstraße überqueren, etwa auf der Höhe der brennenden Häuser, hinter denen unser Abschnitt lag. Da spürten wir plötzlich, daß die Erde unter dem Schnee zu dröhnen und zu beben begann, nicht von berstenden Granaten, sondern gleichförmiger, aber schnell anschwellend und näher kommend. Es blieb keine Zeit, um Vermutungen anzustellen, denn mitten durch das Feuer, das die russischen Panzer auf die breite Straße legten, sahen wir von Osten in vollem Karracho eine mächtige Woge galoppierender Pferde herannahen. Hinter den Hütten hervorspringende Soldaten versuchten sie aufzuhalten. Aber unaufhaltsam jagte die Masse weiter.

Bald erkannten wir, daß die Reiter auf den Rücken der schäumenden Pferde hingen und daß viele der Tiere Schlitten hinter sich her rissen, auf denen fest verklammert Soldaten lagen. Der Schreck durchfuhr uns, daß vielleicht tollkühne Kosaken einen Handstreich auf K. führten. Als wir aber die Uniformen erblickten und das antreibende Geschrei der Reiter unser Ohr erreichte, wurde uns klar, daß es Ungarn waren, die dieser verzweifelte Ritt mitten durch den russischen Kessel geführt haben mußte.

Es war einfach unmöglich, sie zum Stehen zu bringen, obgleich uns diese Verstärkung von schätzungsweise tausend Mann vielleicht in den Stand versetzt hätte, einen gewaltsamen Ausbruch zu versuchen. Sie rasten an uns vorüber. Die Hufe dröhnten. Die Reiter schrien. Riß ein Treffer Pferd, Mann und Schlitten in den Schnee, setzten die Nachfolgenden in wildem Sprunge darüber hinweg. In wenigen Minuten war der Spuk vorüber. Und nicht lange würde es dauern, bis sie in die Trümmer unserer Trosse und die Sperre der russischen Panzer hineinjagen würden. Der sie trieb, wollte keine Besinnung, Warnung und Hilfe für sie! Ihr Schicksal war besiegelt. Sie waren seine Beute.

»Das kann ich auch nicht verstehen, wie man so rennen kann, um zum Iwan zu kommen«, sagte Ede trocken.

Wenige Augenblicke später lagen wir neben Oberleutnant Gernoth. Ede machte seine Meldung, und wir berichteten ihm den Tod Lüpkes. Wir hatten unterdes noch eine ganze Anzahl Verluste gehabt, und die Verteidigung hätte sich kaum noch aufrecht halten lassen, wenn der Russe, wohl verwirrt durch den unerwartet harten Widerstand, nicht eine Atempause eingelegt hätte, vielleicht um sich zum letzten Stoß zu sammeln und alsbald mit wildem Urrähgeschrei den entscheidenden Einbruch zu wagen.

Gernoth übergab den Befehl an Leutnant Scholz und kroch zurück. Scholz schickte Ede noch mal los, um irgendwo einen leichten Schlitten für den Transport des Gefreiten Schwarz aufzutreiben. Er gab die Hoffnung nicht auf, daß wir ihn gebrauchen würden.

Im Prunk ihrer festlichen Farben versank die Sonne hinter der Welt, weit im Westen, und wer von uns ihr nachblickte, dachte an die Heimat. Würden wir sie je wiedersehen, oder würde uns das Grauen der hereinbrechenden Nacht verschlingen? Sowie man ein wenig zur Ruhe kam, spürte man, wie schwer das Herz war.

Während der Widerschein der untergegangenen Sonne den

westlichen Himmel noch in Perlmutt und Purpur tauchte, lag der Osten schon in tiefer Dämmerung und verstreute seine kalt glitzernde Sternenschar eilig über das ganze Firmament. Dem Winde verlieh das Dunkel neue Kraft, und schneidend pfiff er über uns dahin. Unheimlicher griff nach jedem die Verlorenheit. Zu solcher Stunde und in diesem Lande bedurfte der Mensch gebieterisch des Daches über dem Kopf, des belebenden Feuers im Ofen und des trauten Beieinanderseins mit seinesgleichen.

Des Heilands Wort fiel mir ein: »Die Füchse haben Gruben, und die Vögel unter dem Himmel haben Nester, aber des Menschen Sohn hat nicht, da er sein Haupt hinlege!« Er hatte uns um seiner eigenen Heimatlosigkeit auf Erden willen ewige Heimat und Geborgenheit schenken wollen. Aber hatte die Welt die Finsternis nicht begieriger geliebt als sein Licht? Waren wir nicht ausgelieferter als die Füchse in ihren Höhlen und die Vögel in ihren Nestern? Wenn uns der nächste Sturm verwehen würde, wer von all denen, die frierend und angstvoll um mich herumlagen, hatte dann in Not und Sterben den Halt, den Er uns erworben hatte für alle Ewigkeit? Würde ich bestehen? Mit einemmal zitterte ich vor Angst.

Oh, die vielen Stunden der Anfechtung, nie werde ich sie vergessen können! Nie werde ich in jener lästerlichen Sicherheit stehen, die sich den Glauben als Verdienst anrechnet! Immer werde ich zu denen gehören, die im Niederbruch der eigenen armseligen Kreatur des Zuspruches des »anderen Trösters« bedürfen, des Heiligen Geistes, den uns der Herr als Gefährten unserer Seelennot verheißen hat und der uns sein Wort bringt. Er ließ mich auch jetzt nicht allein und erfüllte den bebenden Leib und das bebende Herz mit dem Worte, das ich so oft anderen angeboten hatte: »In der Welt habt ihr Angst, aber seid getrost, ich habe die Welt überwunden!«

Mir war wie einem Dürstenden, dem der Becher mit dem kühlen Trank an die verdorrten Lippen gesetzt wird. Ich wurde ganz ruhig.

Ich sah, daß der Abend mit all seinen Sternen den Himmel erobert hatte. Der Abglanz des brennenden Dorfes stand wie eine düsterrote Wolke über unseren Häupten. Unaufhörlich knatterte die Schießerei zwischen den beiden Linien hin und her. Wie harmlose, liebliche Girlanden schwebten die zahllosen Leuchtspuren der Geschosse durch das Dunkel.

Die Kinder hätten sicherlich ihre Freude an den leuchtenden Girlanden, dachte ich. Welch verrückter Gedanke! Möge sie Gott ihr Leben lang vor diesem Anblick bewahren!

Wo mochten sie jetzt sein? Ob sie im warmen Wohnzimmer am Klavier lehnten, auf dem ihnen die Mutter Kinderlieder vorspielte? Oder saßen sie im Bettchen, die kleinen Hände gefaltet, und beteten: »Lieber Gott, behüte und beschütze unseren Vati und laß ihn bald wiederkommen!«? Oder schliefen sie schon, und die geliebte Frau lauschte in die bange Winternacht hinaus und krampfte die Finger ineinander aus Angst um den Mann ihres Lebens und den Vater ihrer Kinder? Ob auch zu ihr das tröstende, aufrichtende Wort kam: »In der Welt habt ihr Angst . . .«? Herrgott, schick es ihr und laß sie nicht so schrecklich allein!

Scholz kam zu mir herübergekrochen. Er murmelte: »Unheimlich, diese Spannung, Farnholt, nicht wahr? Ob wir rauskommen?«

»Ich weiß nicht, Herr Leutnant! Man darf aber das Vertrauen nicht verlieren.«

»Und wenn man einen vor die Platte kriegt und langsam verreckt oder in Gefangenschaft kommt . . .?«

»Auch dann nicht, Herr Leutnant!«

»Woher haben Sie nur diese Ruhe, Farnholt?«

»Ich bin eben vor Angst beinahe umgekommen, Herr Leutnant. Aber ich habe gebetet, und Gott hat mich ruhig gemacht.«

»Das sagen Sie, Farnholt, als ob das die selbstverständlichste Sache von der Welt wäre! Wissen Sie, daß ich darüber gelacht hätte, wenn mir das zu Hause ein Pastor erzählt hätte? Aber hier kann ich nicht darüber lachen. Denn ich sehe ja, daß es keine Redensart ist. Hier macht man keine Redensarten mehr.«

»Warum wehren Sie sich für sich selbst so dagegen? Gott hält sein Erbarmen doch auch für Sie bereit. Kennen Sie die Geschichte vom verlorenen Sohn?«

»Ja, das heißt – nicht genau. Ich kenne überhaupt wenig davon. Was haben wir schon davon gehört!«

»Natürlich, ich weiß. Es ist meine Lieblingsgeschichte im Neuen Testament. Die ganze frohe Botschaft Christi steckt darin.«

Und während die tödlichen Leuchtgirlanden in den Lüften hingen und Menschen sich ängstigten und Menschen starben, erzählte ich in den Worten der Bibel das ewige Gleichnis vom verlorenen Sohn.

Als ich geendet, hörte ich, wie Scholz aufstöhnte. Wie quälte er sich! Wie war er in seiner Qual der Nachfolge aber auch nahegekommen!

Schließlich stieß er hervor: »Ich kann aber doch nicht glauben! Ich kann mich doch nicht zum Glauben zwingen!«

»Keiner will Sie zwingen«, sagte ich. »Glauben oder nicht glauben – das ist die einzige wirkliche Freiheit, die Gott dem Menschen geschenkt hat. Er ruft nur und hält seine Hilfe bereit. Hören Sie, Herr Leutnant, Sie sollten sich nicht so quälen! Wissen Sie was, Herr Leutnant, wir wollen Ihren Unglauben lieben und ganz ernst nehmen! Denn auch er ist ein Handeln Gottes an Ihnen. Vielleicht ist der Unglaube, der Sie jetzt unglücklich macht, ein Ruf Gottes an Sie – ein finsteres Tal, das Sie durchwandern müssen. Aber Sie dürfen schon jetzt der Wahrheit des alten Psalmwortes vertrauen: ›Und wenn ich schon wanderte im finsteren Tal, fürchte ich kein Unglück, denn Du bist bei mir . . .!‹«

Scholz schwieg. Er war spröde wie Glas. Was war das für ein gutes Zeichen im Angesichte des Ewigen! Auch ich sagte kein Wort mehr.

Und immer dichter wurde das Netz der schwebenden, leuchtenden Girlanden über uns zusammengewoben. Es sah sich an, als ob ein Fest in blühenden abendlichen Gärten sich seinem Höhepunkt näherte. Aber die Blüten waren Kristalle aus tödlichem Schnee und unsere Gärten stürmische Steppen: es war ein hohes Fest des Fürsten dieser Welt. Als Festgetränk kredenzte er den Dürstenden Becher voller Angst, und sein Mundschenk war der Tod.

Während wir so in dem sich wieder steigernden Gefechte lagen, kehrte Oberleutnant Gernoth zurück. Er war ruhig und sachlich wie immer. »Der Ausbruch soll versucht werden«, berichtete er. »Auf dem Ostausgang liegt der stärkste russische Druck. Dort muß gehalten werden. Die Einheiten an den anderen Abschnitten sollen sich vorsichtig absetzen. Sammeln um sieben Uhr westlich der Kirche!«

Die Entscheidung war also gefallen. Sie belebte uns mit einem richtigen kleinen Rausch. Wir redeten durcheinander und fragten nach Einzelheiten. Aber Gernoth wußte selbst nicht viel. Wie sollte er auch, da es ja ein Schritt in das völlige Dunkel war! Wir aber fühlten uns dennoch befreit: Wir brauchten uns also hier in diesem Nest nicht niederschießen, erschlagen oder gefangennehmen zu lassen, sondern konnten noch mal alle Kräfte zusammenraffen und für unsere Rettung einsetzen! Es war die alte Erfahrung, daß ein noch so winziger Funken Hoffnung genügte, um den menschlichen Lebenswillen wie eine Wasserblase im finsteren Meer der Seele emporzutreiben.

Auch unser Ede fand sich wieder ein. Er hatte einen Finnenschlitten aufgetrieben, der, da er wie ein Boot geformt war, sich für den Transport unseres verwundeten Kameraden besonders gut eignete. Als der Chef von unserem Plan hörte, zeigte er sich bedenklich.

»Wie stellt ihr euch das vor? Das wird kein Sonntagsnachmittagsausflug!« sagte er nüchtern. »Es ist sehr anständig von euch gedacht, aber schließlich wird jeder von uns froh sein, wenn er sich selbst voranbringt. Und wenn wir Schwarz nicht mehr mitkriegen und ihn liegenlassen müssen? Dann ist er geliefert! So aber hat er die Chance, daß er eventuell als Gefangener in ein Lazarett kommt!«

Das war auch für uns durchaus überzeugend, obgleich wir die Möglichkeit, daß Männe alsbald in eine geordnete Lazarettbehandlung kommen könnte, angesichts der zerstörten Ortschaften und Verkehrsverbindungen und wegen der turbulenten Kriegsentwicklung sehr gering einschätzten.

Einen Augenblick schwiegen wir bedrückt. Dann sagte Scholz: »Wenn Sie seine Augen gesehen hätten, Herr Oberleutnant, hätten Sie es auch versprochen! Man konnte einfach nicht nein sagen, nicht wahr, Farnholt?«

»Er würde es niemals verwinden, wenn wir ihn liegenließen!« bestätigte ich. »Er gehört doch nun einmal zu uns. Und wir haben es ihm zugesagt!«

»Dann müßt ihr euer Wort halten!« entschied Gernoth. »Klar, wir gehören zusammen! Sie, Farnholt, nehmen Buckow mit und holen ihn rechtzeitig, nicht wahr?«

»Jawohl, Herr Oberleutnant!«

Gernoth fiel etwas ein. »Ede, komm mal an meine grüne Seite!« rief er. »Ich wollte dir etwas sagen.«

Ede, der gleich den anderen seine leuchtenden Patronen ziellos zum Russen hinübergeschickt hatte, rutschte die paar Meter zu unserem Alten zurück.

»Hör, mein Sohn«, sagte er, »wir wollen doch gerecht sein, wir wenigstens, nicht wahr? Du hast da vorhin die Geschichte von dem hohen Tier erzählt und von den Offizieren, die ohne uns abhauen wollten. Vielleicht ist daran tatsächlich irgend etwas nicht stubenrein. Aber was den Oberstleutnant angeht, das hohe Tier, der geht nicht mit uns. Weißt du, was der macht? Der bleibt hier, aus freiem Entschluß, mein Lieber! Er will versuchen, den Osteingang zu diesem lieblichen Ort, draußen an der Rollbahn, so lange abzudichten und mit einer Kampfgruppe so viel Remidemi zu machen, daß er die Aufmerksamkeit des Iwans für eine Stunde fesselt. Du bist doch ein kluges Kind! Sag mir, was das bedeutet!«

Und Ede, ohne seine übliche Schnoddrigkeit: »Er will versuchen, uns den Rücken um sieben Uhr frei zu halten. Er will sich für uns opfern! Ich habe ihm also unrecht getan. Das tut mir jetzt leid.«

»Gut so, das freut mich«, erwiderte Gernoth, »ich wollte dir nur zeigen, daß in vielen Dingen dieser kuriosen Welt der Augenschein trügt. Und ich habe es dir gesagt, weil Leute in unserer Lage auf innere Ordnung sehen sollten. Ich finde, wenn man dem Letzten ins Auge blicken muß, sollte man nach Möglichkeit ohne Haß und Verbitterung sein.«

So war er: von einer hartnäckigen Gerechtigkeit gegen sich und andere, sein Blick geschärft für die Hintergründe des menschlichen Schicksals, und immer bereit, darüber, wo immer es sei, ein nachdenkliches Gespräch zu führen.

Gegen halb sieben krochen Ede und ich aus der Linie. Wir spannten uns vor den leichten, schmalen Schlitten und überquerten in mehreren Sprüngen die Hauptstraße. Fast die ganze Ortschaft brannte jetzt lichterloh. Die krachenden Abschüsse und Einschläge waren die Paukenschläge in der prasselnden Melodie des großen Feuers.

Wir kamen gerade recht, um in der Lazaretthütte noch helfende Hand mit anzulegen. Denn das Dach stand schon in Flammen, obgleich hier im Umkreis der Brand weniger wütete. Die Ärzte, die paar Sanitäter und einige Leichtverwundete, die nur zum Verbinden hergekommen waren, hatten die meisten Verwundeten schon in ein nahe gelegenes Haus geschleppt, das wegen seiner steinernen Wände und seines Metalldaches weniger gefährdet war. Die Träger waren völlig außer Atem. Wir trugen die letzten der vor Schmerzen schreienden oder ohnmächtigen Kameraden hinüber. Es war ein Bild des Jammers.

Wir meldeten uns bei dem leitenden Arzt. Er hatte nichts

gegen unseren Wunsch einzuwenden. »Ja, nehmen Sie ihn nur mit! Hoffentlich kriegen Sie ihn durch!« Er konnte vor Anstrengung kaum sprechen.

Er trug uns auf, auch die Leichtverwundeten nach dem Treffpunkt zu führen. »Nur ganz unauffällig«, flüsterte er. »Wenn die anderen es merken, gibt es ein Unglück!«

»Und Sie selbst?« fragte Ede.

»Ich bleibe«, sagte er, »ich kann sie nicht einfach hier liegenlassen.« Er sagte es ruhig und entschlossen, aber man merkte ihm den schrecklichen Kampf an, den er mit sich selbst gekämpft hatte. Er wußte so gut wie wir, daß es in dem allgemeinen Durcheinander nicht aufgefallen wäre, wenn er sich davongemacht hätte.

»Nein, ich muß bleiben«, wiederholte er, als wolle er sich in seinem Entschluß bestärken. »Den jungen Kollegen habe ich schon weggeschickt. Sie werden ja unterwegs auch einen Arzt gebrauchen können!« Jetzt erst merkte ich, daß der bleiche junge Unterarzt nicht mehr da war. »Aber der Sanitätsgefreite bleibt auch hier. Ich hatte es ihm freigestellt.«

Und er machte sich daran, seinen blutigen Tisch so günstig wie möglich in das Licht der trüben Öllampe zu rücken. Doch trat er sogleich noch einmal zu uns.

»Sie könnten mir einen Gefallen tun«, bat er mich. »Nehmen Sie das mit, und schicken Sie es bitte meiner Frau!« Und er übergab mir seine Uhr und einen Brief. »Gott gebe, daß Sie es ausrichten können!«

Wir drückten ihm stumm die Hand. Was sollten wir auch sagen!

Die Leichtverwundeten hatten sich auf seinen Wink ohne Aufsehen schon auf den Weg gemacht. Sie warteten mit Ede an der alten niederbrennenden Lazaretthütte. Wir warfen noch einen Blick auf die stillen Toten im Schnee, deren Zahl erschreckend gewachsen war. Mehr als zehn von ihnen gehörten zur Kampfgruppe Gernoth. Dann hockte sich Männe in den Schlitten, und wir beeilten uns, die eine knappe Viertelstunde entfernt in westlicher Richtung liegende Kirche von K. zu erreichen.

Sie war noch erhalten und lag auch jetzt nicht unter allzu schwerem Beschuß. Ihr weißer Turm mit dem Zwiebeldach schien von dem Widerschein des Feuers seltsam belebt. Wir drängten uns dicht unter ihre Mauern. Ob es viele gleich mir empfanden, daß wir uns in der Stunde der Not und des neuen Aufbruchs gerade im Bannkreis einer Kirche sammelten, die dem Gebieter aller Ängste dieser Welt ebenso geweiht war wie unsere ganz andersartigen Kirchen daheim?

Die Stimmung war sehr ernst. Doch war die Bedrücktheit gewichen. Die Möglichkeit, statt ausgeliefert zu sein, noch einmal handelnd das eigene Schicksal mitbestimmen zu können, hatte aufrüttelnd und belebend auf unseren verlorenen Haufen gewirkt.

Zwei- oder dreihundert Mann mochten es sein, die den Ort geräumt hatten, Versprengte und kleine Reste ehemals kampfstarker Einheiten, Landser aller Waffengattungen, die sich nun wortlos in westlicher Richtung in Marsch setzten. Mit müden, schmerzenden Augen, aber gespannt in allen Sinnen, trotteten wir in die dritte Nacht ohne Schlaf.

Hinter uns, sicherlich am Osteingang von K. schwoll der Kampfeslärm an. Dort täuschte wohl das »hohe Tier« gerade seinen Angriff vor, um die Russen auf sich zu lenken. Wenn wir an ihn und die Kameraden dachten, die unseren Abzug tarnten und sich im letzten Augenblick absetzen wollten, wahrscheinlich zu spät also – und jeder von uns dachte in diesem Augenblick an sie –, dann hatten wir einfach ein schlechtes Gewissen. Aber der Mensch will leben! Gibt es im Guten und Bösen einen stärkeren Trieb? Und der Arzt und der Sanitätsgefreite, ihre Verwundeten und unsere Toten – sie blieben, und doch nahmen wir sie auch mit.

Als ich mich noch einmal umschaute, lag der ganze Ort unter einer sanft gewölbten Kuppel unzähliger, leicht durch die Lüfte schwebender, leuchtender Girlanden . . .

Gespenstische Nacht

Wir blieben nur eine kurze Strecke auf der Rollbahn nach Westen. Schon bevor wir den Ortsrand erreichten, wandten wir uns zwischen den letzten Häusern hindurch nach links und marschierten auf einem in den Schnee gefahrenen Wege auf ein großes, in hellen Flammen stehendes Gebäude zu. Es war einer der stattlichen, in Rußland häufig zu findenden Getreidesilos, dessen kostbarer, nahrhafter Inhalt mit weithin vernehmbarem Prasseln von der lodernden Glut verzehrt wurde.

In ihrem düsterroten Schein gewann ich zum ersten und zum einzigen Male einen ungefähren Überblick über unseren Zug, denn eine Kampfeinheit konnten wir uns nicht mehr nennen, trotz unseres Willens, uns auf Leben und Tod durchzuschlagen, und trotz eines von den kräftigsten Männern gezogenen, übrigens bald stehengelassenen Geschützes. Die Reste der ursprünglich zusammengehörigen Einheiten, wie etwa wir um Oberleutnant Gernoth, versuchten zwar zusammenzubleiben bis zuletzt, aber das Ganze hatte in sich selbst keinen Halt.

Natürlich hielt sich im Augenblick noch alles beieinander, schon deshalb, weil wir hier in der Einkesselung der den Marktflecken umschließenden russischen Truppen völlig angewiesen waren auf die Führung einiger ortskundiger, bisher in K. stationierter Soldaten. Ihnen gebührt der Ruhm, ihre Kenntnisse wahrhaft meisterlich ausgenützt zu haben, denn sie fanden in dem fast geschlossenen Ringe die Lücke, die genügte, um uns aus dem engen erst einmal in den weiteren Kessel der gegnerischen Vernichtungsstrategie hineinzuschleusen.

Schwer schreitend, gleichsam wie vor der rot angestrichenen Kulisse eines Schattentheaters, bewegte sich der Zug müder, gebeugter Gestalten an dem brennenden Silo vorüber. Auf den Köpfen unförmige Pelzkappen, gekleidet in entstellende Tarnanzüge oder mächtige Fahrer- und Pelzmäntel, an den Füßen deutsche oder russische Filzstiefel, so tappten wir dahin. Wer eine Decke besaß, hatte sie sich über Kopf und Schultern gehängt. Man braucht keine Phantasie zu haben, um zu erkennen, daß wir zu einer geschlagenen Armee gehörten.

Die Augen brannten vor Müdigkeit. Der Körper wurde von schon jetzt erschöpften Beinen getragen. Die Kehle war ausgedörrt von plötzlichem Durst. In den Eingeweiden wühlte der Hunger. Die Haut fieberte unter den ständigen Bissen der eilfertigen und unangreifbaren Läuse. Uns war unbehaglich zumute. Und doch war dieses erst der wirklich gelinde Anfang.

Ich überdachte sorgsam, wie ich mich erleichtern könnte, fand aber nichts Entbehrliches und verschenkte schließlich nur meine Handgranaten. Denn schon fühlte ich die erste Erschöpfung herannahen. Dieser Punkt lag bei mir verhältnismäßig früh. Allerdings wußte ich aus vielfältiger Erfahrung, daß mich das Ende meiner natürlichen Kräfte nicht unbedingt umwerfen würde, sondern daß erst das Maß der aus Gebet und Willen geschenkten Reserven für mein Durchhalten entscheidend sein würde. Ich hatte längst die widerspruchsvolle Erkenntnis gewonnen, daß die Ökonomie des Körpers eine Angelegenheit des Geistes ist. Nur wer das weiß, versteht ein Leben wie beispielsweise das des Apostels Paulus.

Ich sann darüber nach, um mich abzulenken und den Zeitpunkt des völligen Ausgepumptseins so weit wie möglich hinauszuschieben. Doch gelang es mir nur unvollkommen, die Furcht vor der eigenen Schwäche zu bannen, zumal es unmöglich war, mit Hilfe eines Gespräches auf andere Gedanken zu kommen. Denn es durfte kein Wort gesprochen werden. So zwang ich mich, ruhig und nachfühlend den Lebensweg des Apostels Paulus zu bedenken, von der Stunde an, da der im Glauben leuchtende Blick des gesteinigten, sterbenden Stephanus wie ein Schwerthieb in sein Herz dringt, bis zu dem Augenblick, da im fernen Rom ihn selbst das Schwert tötet und sein in der Geborgenheit Gottes strahlendes Auge in dieser Welt bricht und dennoch gleichzeitig wieder aufleuchtet über der ganzen Christenheit bis auf den heutigen Tag. In dieser Meditation fand ich Trost und Stärkung.

Längst lag das brennende Getreidehaus hinter uns. Aber noch führte der ausgefahrene Weg weiter. Doch gab es vorn nun eine Stockung. Man stand vor einer ziemlich langen, merkwürdigerweise erhaltenen Brücke, die völlig verstopft war. Schon während der letzten paar Hundert Meter waren uns die vielen Schlittentrümmer aufgefallen. Ein Teil der heute morgen Flüchtenden mußte diesen Weg benutzt haben, war aber hier, wahrscheinlich von der anderen Seite her, von den Russen zusammengeschossen worden.

Die uns führten, schienen jedoch zu wissen, daß die Brücke nicht unmittelbar vom Russen blockiert war, denn sonst wäre der Übergang hoffnungslos gewesen. Sie begannen sofort mit der Überquerung, und tatsächlich bellten am jenseitigen Ufer nur zwei Maschinengewehre auf, die rechts und links des Brückenausgangs auf einem hohen Damm in Stellung gebracht waren und von da aus allerdings in einer gefährlichen Weise die ganze Brücke bestreichen konnten. Aber das durfte uns nicht aufhalten, und obendrein war es dunkel. Alles hing jetzt davon ab, ob stärkere russische Kräfte oder gar Panzer in unmittelbarer Nähe in den nächsten Minuten zur Verfügung standen.

Die beiden MG-Nester wurden von unserer Seite unter Feuer genommen. Gleichzeitig krochen wir, die tödliche Gefahr nicht achtend, so schnell wie möglich hinüber: über die Trümmer von Wagen und Schlitten, über aufgetürmte Pferdekadaver, über Tote, die an manchen Stellen zu zweien und dreien übereinanderlagen. Man griff in erstarrte Gesichter und in zerrissene Leiber.

Mit dumpfem Klatschen fuhren die Geschoßgarben in die wirre Masse. Es half alles nichts, jetzt mußte es schnell gehen. Ich hatte Männe Schwarz neben mir und war ihm, so gut ich es ermöglichen konnte, bei der mühseligen Kletterei und Kriecherei behilflich. Pfeifend drang sein Stöhnen zwischen den zusammengebissenen Zähnen hervor. Aber er hielt durch.

Ede bugsierte mit einem anderen Kameraden den schmalen Schlitten über das Gewirr hinweg. Sie machten es bewundernswert geräuschlos. Nur ab und zu hörte man Ede flüstern: »Hoch das Ding, Kerl! Keine Müdigkeit vorgeschützt! Jetzt nur die kleine Ecke noch, dann kann Männe wieder rin in die Molle!« Ich hätte bei aller Anstrengung und Spannung bald gelacht. Dieses wundervolle Menschentum, das da scheinbar in kleiner, billiger Münze ausgegeben wurde, war immer von neuem ein Geschenk für uns.

Mit einem Male schwiegen die beiden russischen Maschinengewehre, erst das eine, kurz darauf das andere. Ihre Bedienungsmannschaften waren von unserer Vorhut überwältigt. Es war uns unbegreiflich, daß gerade hier der russische Ring um K. eine Lücke hatte. Vielleicht hatten die Russen an dieser Stelle, weitab von der Rollbahn, keinen Ausbruch größeren Umfangs vermutet, vielleicht hatten sie auch noch nicht genügend Truppen heran und war ihnen der Vorstoß nach Westen wichtiger. Jedenfalls gelangten wir jetzt schnell hinüber. Wie groß unsere Verluste in dem MG-Feuer auf der Brücke gewesen waren, haben wir niemals feststellen können. Gering waren sie sicherlich nicht. Natürlich blieb auch das Geschütz drüben stehen.

Das Marschtempo mußte trotz der Müdigkeit jetzt verschärft werden. Wir alle sahen die Notwendigkeit dazu ein, da ja jeden Augenblick russische Verstärkungen in unserem Rücken auftauchen konnten. Herzstiche quälten mich, und mein Atem ging stoßweise. Doch hetzte ich mich vorwärts. Die schönen, sonnigen Jahre einer auf dem Sportplatz verlebten Jugend kamen mir in diesen Tagen zugute.

Den schmalen Fahrweg hatten wir nun verlassen. Wir zogen querfeldein durch hohen Schnee. Immer wieder brach man bis an die Hüften ein. Doch ehe uns diese kaum zu beschreibende Anstrengung überwältigte, hatten wir ein weites, unübersichtliches Bahngelände erreicht, den wichtigen Güterbahnhof von K., den wir trotz der dort drohenden Gefahren wegen des damit verbundenen großen Zeitverlustes nicht umgehen wollten.

Hinter Bahndämmen krochen wir und an endlosen Güterzügen schlichen wir entlang. Schüsse peitschten über uns hin, MG-Garben knatterten, Werfergranaten schlugen zwischen uns ein – wir wußten nicht, woher sie kamen und ob sie uns galten. Hielten die Russen den Bahnhof ganz allgemein unter Feuer und hatten ihn noch gar nicht besetzt, oder hatten sie uns gesehen und waren nicht so schnell zum Angriff bereit? Wir hasteten, von der kreatürlichen Angst getrieben und zugleich auch gestärkt, über das Schienengewirr und schwangen uns durch brennende Züge. Wer jetzt fiel, blieb liegen. Den Finnenschlitten hatten wir stehenlassen müssen. Schwarz, der Übermenschliches leistete, zerrten und schoben und trugen wir mit.

So kamen wir durch die Gefahrenzone, denn am Ende des Bahnhofs ließ das von allen Seiten auf uns einprasselnde Feuer nach. Wir waren jetzt weit auseinandergezogen und kamen auch, ganz abgesehen von den dauernden hohen Verlusten, in der ursprünglichen Marschkolonne nie wieder zusammen. Angesichts der gewaltigen körperlichen und seelischen Anspannung zerfiel die zufällige Einheit von K. schnell wieder in ihre ursprünglichen Bestandteile: in die Reste ehemaliger Kampfgruppen oder Grüppchen von einzelnen Versprengten, die nur aus Neigung oder gemeinsamem Schicksal sich zusammenfanden. Über den vor uns liegenden Weg konnte es überdies keinen Zweifel mehr geben: Er führte gen Westen und mußte sich in der Grundrichtung irgendwie an den Bahnstrang anlehnen. Wie wir ihn im einzelnen bewältigen würden, lag völlig außerhalb jeglicher Berechnung.

Wir von unserem alten Verein waren selbstverständlich um Oberleutnant Gernoth beieinander geblieben. Einige Offiziere hatten sich uns angeschlossen. Dennoch war unsere Zahl schon jetzt erschreckend zusammengeschmolzen. Ob all die Fehlenden gefallen waren, ob sie nur von uns abgesprengt waren oder ihr Glück auf eigene Faust versuchen wollten, konnten wir nicht feststellen.

Um uns enger zusammenzuschließen, sammelten wir uns hinter dem Bahndamm und zogen dann, da wir mit unseren Kräften haushalten mußten, in einem gemäßigteren Tempo weiter.

In jener Hellsichtigkeit und Überwachheit, welche die Folgen überforderter Nerven sind, prägten sich mir die nächsten Bilder grell und unvergeßlich ein.

Als wir an den ersten Wagen eines langen Güterzuges vorüberschritten, sahen wir ihnen zur Seite in der Dämmerhelle des Schnees Gestalten liegen. Wir dachten, es sei eine Gruppe der vor uns Marschierenden, die sich zu einer kurzen Ruhe niedergelegt hatte. Da es bei solchen Gelegenheiten üblich war, daß einige auf den Beinen blieben, um die vor Müdigkeit Einschlafenden nach ein paar Minuten zu wecken und hochzutreiben, wir aber niemanden erblickten, rüttelten wir ein paar der Ruhenden kräftig an den Schultern.

»Hoch mit euch! Ihr erfriert ja!« Aber die Körper waren steif und kalt und ohne Leben.

Doch als hätte unser unterdrückter Zuruf die Verdammten der Unterwelt erlöst, hob jäh und uns bis ins Mark erschrekkend in den Wagen ein verzweifeltes Geschrei und Gepolter an. Da erst merkten wir, daß es ein stehengebliebener Verwundetentransport war und daß die Stummen im Schnee die herausgeworfenen Leichen der bereits Gestorbenen waren.

Entsetzt schoben wir eine der Waggontüren auf. Wir konnten in dem Dunkel nichts erkennen. Doch schon quoll uns eine ineinandergekrampfte, stinkende, vor Schmerzen und Verzweiflung heulende Masse Mensch entgegen. Viele Hände klammerten sich an uns. Wir rissen sie von uns los.

Wir versuchten die Verwundeten zu beruhigen. »Ihr werdet doch noch geholt! Wir schicken eine Lokomotive heraus!« logen wir sie an.

Sie aber schrien zurück. »Nein, nehmt uns mit! Nehmt uns mit, Kameraden!«

In mancher Nacht schrecke ich noch heute aus wüsten Träumen empor und habe den Schrei im Ohr: »Nehmt uns mit, Kameraden!«, diesen Schrei als heißes Flehen, als verzweiflungsvollen Fluch, als das Röcheln Sterbender.

Er begleitete uns den ganzen Zug entlang, Schritt für Schritt, Wagen um Wagen. Sie sprangen heraus, winselten wie die Tiere und krochen halbtot im Schnee herum, bis ihnen die barmherzige Kälte den Mund verschloß.

Es war ein Gang durch die Hölle. Einen offenen Wagen fanden wir, der war stumm. Er war hoch vollgepackt mit Erfrorenen, und einer, der ganz oben lag, hatte die dürren Arme ausgestreckt in den fahlen Nachthimmel.

Unser Gewissen brannte in uns wie Feuer. Denn daß wir vorübergingen, vorübergehen mußten, war das Allerschlimmste. Es gab überhaupt keine Möglichkeit der Hilfe, die wir diesen vielen Hundert zum Erfrierungstode verurteilten Verwundeten gewähren konnten. Dennoch erscheint mir noch heute, nach Jahren, jeder Schritt, den ich an ihnen vorüberging, eine unauslöschliche Sünde. Der barmherzige Gott mag sie mir vergeben! Es gab wirklich nicht die geringste Möglichkeit zu helfen; aber es ist mir ganz klar, daß – wenn Christus wirklich ganz, ohne Erdenrest, in mir Gestalt gewonnen hätte – ich bei den Zerschlagenen und Verzweifelten geblieben wäre, um sie aus der Kraft des lebendigen Gotteswortes zum Tode zu bereiten und mit ihnen zu sterben.

Ich aber habe es nicht getan. Das bleibt ein Stachel in meinem Leben. Und schrecklich ist es für mich zu wissen, daß ich auch heute wieder bis in die Seele zerquält an ihnen vorübergehen würde.

Ich hatte Frau und Kinder und Eltern. Sie bangten sich um mich und warteten. Ich wollte leben! Wenn ich umsank und sie mich nicht wieder hochbekamen, würden die anderen an mir vorübergehen. Aber ich wollte leben! Darum schlich ich hier zu Tode erschöpft im fremden Land durch diese gespenstische Nacht.

Natürlich, das war alles richtig, verständlich und vernünftig. Aber dennoch bohrte sich jeder der Hunderte von Schreien: »Kamerad, nimm mich mit! Hab doch Erbarmen!« wie ein glühendes Eisen in mein Herz.

Dieses Daranvorübergehen, dieses Ausweichen, dieses Lügen, dieses gebückte Schleichen, dieser halbabgewandte, gehetzte Blick – war es nicht die Art des Pharisäers im Gleichnis vom barmherzigen Samariter? Hatte ich nicht die Kleinen im Kindergottesdienst oft nach seinem Wesen gefragt und war zufrieden gewesen, wenn sie antworteten, er sei feige, er sei lieblos, er scheue das Opfer?!

Nichts spricht mich los, auch nicht die größere Schuld der geflohenen Ärzte und Sanitäter und der Zugbesatzung, die ihre Lokomotive rechtzeitig herausfuhren, nicht die Tatsache, daß mich kein Mensch auf der Welt verklagen wird, weil jeder selbst vorübergegangen wäre, nicht der Hinweis, daß es sich ja um ein nutzloses Opfer gehandelt hätte – nichts, wenn nicht das vergebende Erbarmen meines Heilandes. Zu ihm floh ich in der Qual meiner Seele und betete inbrünstig und verzweifelt, daß er die Schreienden alsbald erlösen möge in das Schweigen seines Friedens.

Als ich aber an das Ende des Zuges gelangte, stand ich erstarrt vor einem anderen grauenvollen Bilde. Es waren nicht Verwundete und Tote, die es darboten, sondern Lebende und noch Unversehrte.

Die Waggontüren des letzten Wagens – es war eigentlich der erste des Zuges – waren weit aufgeschoben. Um den Eingang rang, zu einem dichten Knäuel verklammert, vor Anstrengung ächzend, ein Haufen Soldaten, Offiziere und Mannschaften. Denn dieser Wagen war nicht beladen mit der blutenden, leidenden Last der Verwundeten, sondern mit aufgebrochenen Kisten voll Sekt und Schnaps. Um diese Beute schlugen sie sich, die sicherlich in ihrem Verstand getrübten Männer, als hinge ihre ewige Seligkeit davon ab.

Flaschen zersplitterten, Kisten barsten krachend auf, aus den Lungen der Kämpfenden drang lautes Stöhnen. Aber gespenstisch war, daß sie sonst keinen Laut von sich gaben, kein Schimpfen, kein Geschrei, kein Fluchen. Das Wort gehörte allein und immer noch den verlassenen Verwundeten.

In unserem Durst hatten wir angefangen, Schnee zu essen. Wir wußten sehr wohl, daß Schnee zuerst die Kehle kühlt, dann jedoch dörrt und brennt wie Feuer. Aber widerstehe einer dem Durst! So war es wohl verständlich, daß der lockende Anblick von Flaschen eine unwiderstehliche Sucht zum Trinken erweckte und diese widerliche und unheimliche Szene hervorgerufen hatte.

Ede hatte natürlich, ohne sich an dem Kampf zu beteiligen, eine herausgefallene Flasche unter den trampelnden Füßen der Ringenden hervorgezogen. Er schlug den Hals ab, und sosehr wir uns gehütet hätten, in unserem jetzigen Zustand Schnaps zu trinken, so erquickend und belebend war es, den gefrorenen Sekt in kleinen Stückchen im Munde aufzuschmelzen und herunterzuschlucken.

Wir schritten eilig weiter. Aber noch war des ohnmächtigen Grauens kein Ende. Denn viele von den Verwundeten, die wohl die Hoffnung aufgegeben hatten, daß der Zug noch herausgefahren würde, hatten sich aus dem Waggon herausfallen lassen und krochen nun, soweit sie noch nicht erfroren waren, auf Händen und Füßen auf den Schienen entlang, von dem letzten Lebensfunken nach Westen, der Heimat entgegen, getrieben. Vielleicht kamen sie hundert Meter weit, vielleicht tausend, dann erstarrten die schweren, wunden Glieder im eisigen Anhauch der russischen Nacht.

Aber jeder, der noch mit einem Rest von Leben in dem armen Körper sich auf dem eisernen Wege der Schienen entlangzog und uns bemerkte, rief uns flehend an. Wir sprachen mit ihnen und trösteten sie, wir sprangen zu ihnen hinauf und schoben ihnen ein Klümpchen Sekt zwischen die fieberschwarzen Lippen — aber wir gingen vorüber und jedes Wort war eine Lüge. Denn beides konnten wir nicht, was für sie ein wirklicher Dienst gewesen wäre: sie mitnehmen oder bei ihnen bleiben.

Wird man mich nun nicht fragen, warum ich diese gespenstischen und grauenhaften Bilder nicht weiterhin in der Einsamkeit meiner Träume belassen habe? Warum, wenn ich mich aussprechen wollte, ich sie nicht der Verschwiegenheit eines Tagebuches anvertraut habe? Darauf ist meine Antwort: weil ich alles dieses nicht verschweigen will, denn darin offenbart sich mit unübersehbarer Klarheit das Wesen des Krieges, nämlich das unmenschliche Leiden und die unmenschliche Schuld!

Männe Schwarz, der nach der anstrengenden Durchquerung des Güterbahnhofs halb ohnmächtig zwischen Leutnant Scholz und dem Obergefreiten Niedermair hing, einem schweigsamen, bärenstarken Holzfäller aus Oberbayern, kam unter der Wirkung des kristallisierten Sektes wieder zu sich, und das Schicksal der Verwundeten auf den Schienen, das wie ein Damoklesschwert über ihm selber schwebte, mochte aus der Angst einen neuen Lebensimpuls in ihm erweckt haben. Solange wir kein Fahrzeug für ihn fanden, mußte er ja auf den Beinen bleiben. Und in der Tat schritt er tapfer vorwärts, nun allein von Niedermair gestützt, dessen kantiges, breites Gesicht keinerlei Spuren von Anstrengung zeigte.

»Du kannst mich auch mal ein bißchen tragen, Läusel!« sagte Ede. Er hatte den Namen des braven Alois auf unsere

Leib- und Magentierchen bezogen, bei denen sich der Bayer anscheinend einer besonderen Beliebtheit erfreute.

»Ich kann dich Knochenbündel höchstens mal auf den Arm nehmen, du . . . !« knurrte Niedermair in seiner Landessprache und fügte einen ins Schriftdeutsch nicht zu übersetzenden Fluch hinzu. Denn seine Stärke waren nicht nur seine kaum je erlahmenden Muskeln, sondern auch ein nicht zu erschöpfender Schatz einheimischer Flüche und Beschimpfungen. So wortkarg er war, sprach er doch keinen Satz ohne solch ein unwiederholbares Anhängsel, selten im Zorn übrigens, sondern meistens als Ausdruck betonter Zuneigung. Selbst seine religiöse Beweisführung, zu der er gezwungen war, seit man entdeckt hatte, daß er unbeirrbar seinen Rosenkranz betete, führte er auf diese unwiderlegbare Weise.

Ahnungslose hatten auch versucht, ihn wegen seiner starren Glaubenshaltung zu hänseln. Sie allerdings wurden nicht nur mit der virtuosen Kanonade unmißverständlicher Bezeichnungen aus dem Tierreich belegt, sondern machten auch die einmalige Bekanntschaft zweier Fäuste, von denen Ede behauptete, daß ihre Finger mit Kommißbroten Skat spielen könnten. Wie es ja überhaupt kein Wunder war, daß der Berliner Ede und der Urbajuware Läusel in einer geradezu zärtlich zu nennenden Feindschaft miteinander lebten.

Dieser tapfere Humor war nach außen hin oft die einzige Brücke, die uns in dem unaufhörlichen Überschreiten schrecklicher Erlebnisabgründe einen gewissen Lebensstil gab, der nach einer unausgesprochenen Vereinbarung von allen gepflegt wurde und in all seiner oft beklemmenden Unmittelbarkeit einen wunderbar zarten Takt bewahrte.

So hörten wir, als das Jammern der Verwundeten allmählich hinter uns verklang, dem Geplänkel zwischen Ede und Läusel mit einem gierigen Behagen zu, das jedem, der nicht jahrelang mit dem Grauen so benachbart gelebt hat, brutal erscheinen muß.

Als es sich aber ergab, daß Scholz und ich einen kleinen

Vorsprung gewannen und wir die Stimmen der Kameraden aus dem Ohr verloren, da zerfiel uns diese Notbrücke wie eine Illusion, und die nackte Wirklichkeit der geschauten Bilder war wieder da.

»Haben Sie das gesehen, Farnholt, dieses Elend, diesen Jammer?« fragte Scholz gequält. Seine junge, sonst so feste Stimme klang gepreßt und zitterte. »Wir haben doch nun schon allerlei mitgemacht, aber daß man dieses sehen und hören mußte, übertraf alles.«

»Ja«, stimmte ich zu, »das war beinahe das Schlimmste.«

Mechanisch trabten unsere Füße den von den vor uns Schreitenden ausgetretenen, schmalen Pfad vorwärts. Dunkel hing die Nacht über uns. Der eisige Wind stürzte über den Bahndamm hinweg und trieb uns aufgewirbelten Schnee in die schmerzenden Gesichter. Wir waren in ein dumpfes Grübeln versunken.

Plötzlich fragte Scholz heftig: »Wenn es wirklich so ist, wie Sie glauben und wie Sie es mir gesagt haben, warum läßt Gott dann dieses Elend zu?! Warum ist er dann so unsagbar grausam!«

Die Frage überraschte mich nicht. Es war die uralte und ewige Menschheitsfrage. Sie ist Klage und Anklage zugleich. Der aufbegehrende, niedergeworfene Mensch stellt sie. Sie klingt so feindlich. Aber ist sie nicht im Grunde eine gute, eine hoffnungsvolle Frage für den, dessen aufgewühltem Herzen sie sich entringt, weil in ihr für den Fragenden eine neue, erschreckende Wirklichkeit gewiß wird, nämlich diese, daß Gott ist?

»Sie meinen, Gott trägt die Schuld an diesem Jammer?« erwiderte ich. »Hat denn Gott den Krieg entfacht? Hat Gott uns nach Rußland hineingejagt? Hat Gott es versäumt, daß dieser schreckliche Zug rechtzeitig herausgefahren wurde? Wer hat ihn denn gefragt und an seinem Worte nachgeprüft, ob es richtig ist, daß alles dieses Furchtbare geschieht! Ist nicht gerade das Gegenteil richtig: Weil man Gott nicht wollte, weil man alles besser wußte, weil man seinen Rat verachtete, ist es so weit mit uns gekommen und wird es noch immer schlimmer werden!«

»Und die da so elend verrecken, sind sie es gewesen, die Gott abgesetzt haben? Was können sie dafür?« entgegnete Scholz leidenschaftlich.

»Sie sind nicht schuldiger als Sie und ich, ganz gewiß nicht!«

»Wieso wir? Was haben wir mit der Schuld zu tun?« fragte Scholz verblüfft.

»Dasselbe, was seit Adam die Menschen stets mit der Schuld zu tun haben. Wir beide haben wahrscheinlich weder silberne Löffel gestohlen noch die verantwortlichen Männer zum Kriege aufgehetzt. Aber es geht ja gar nicht um moralische, sondern um religiöse Schuld. Wir leben nämlich in einem Jahrhundert, das völlig religiös bestimmt ist. Die rückständigen modernen Menschen haben es nur noch nicht gemerkt. Unsere Schuld, fragen Sie? Wir haben Gottes Ordnungen und Gebote in den Wind geschlagen, wir haben seine Gerichte und Verheißungen verachtet, wir haben uns weder seiner Barmherzigkeit bedürftig gefühlt noch sie selbst geübt, wir haben geschwiegen, wo wir hätten schreien sollen, und geredet, wo unser Mund hätte stumm sein müssen. Wir haben nicht genug gebetet. Kurz — wir haben die Freiheit, die Gott uns geschenkt hat, zum Bösen, zum Abfall mißbraucht — Sie und ich und all die anderen, die wir nun, da wir die mächtige Hand über uns fühlen, geneigt sind, Gott auf die Anklagebank zu zerren.«

Ich hatte mich zu einer ruhigen Sachlichkeit gezwungen, weil ich aus der seelsorgerlichen Erfahrung wußte, daß neben das Zeugnis das Argument gehört. Immerhin mußte sich das Gespräch seltsam ausnehmen auf dem Hintergrunde von Nacht und Kälte, Erschöpfung und Tod. Aber die Disziplin des Geistigen tat uns irgendwie wohl, da wir an verfließenden Grenzen schritten.

»Gut, mag es so sein«, räumte Scholz ein, »aber die wirklich und unmittelbar Schuldigen, denen das Elend der Söhne und der Mütter und der Familien den Triumph ihres Lebens schenkt – warum werden sie nicht bestraft, wenn schon Strafe sein muß? Ist das die Gerechtigkeit Gottes?«

»Ich könnte antworten: Gottes Mühlen mahlen langsam, aber sicher. Doch weiß ich es? Können die sichtbar Schuldigen nicht ebensogut in ihrem Triumph beharren? Natürlich ist es schwer, sich unter die Erkenntnis zu beugen, daß das einfach nicht unsere, sondern Gottes Sache ist. Ich weiß nicht, ob sich alle Christen der abgründigen Bedeutung bewußt sind, wenn sie beten: Dein Wille geschehe ...«

»Man soll sich unter die Hand beugen, die einen schlägt?« fragte Scholz.

»Natürlich haben Sie recht, so zu fragen. Menschen aller Zeiten kennen den bohrenden Zweifel an der Gerechtigkeit Gottes, auch ein Mann wie der fromme Dulder Hiob in der Bibel, wenn er aufstöhnt: ›Du bist mir verwandelt in einen Grausamen und zeigst mir mit der Stärke Deiner Hand, daß Du mir gram bist!‹ Und selbst Jesus am Kreuz schreit aus der Tiefe dieser Not: ›Mein Gott, mein Gott, warum hast Du mich verlassen!‹«

»Na also ...«, fiel Scholz ein, beinahe erleichtert.

»Gar nicht: ›na also!‹ Denn gleich darauf sagt Jesus: ›Es ist vollbracht!‹ Der Wille Gottes ist vollbracht! Das Kreuz ist ja nur der eine Teil dieses Willens. Der andere Teil ist die Auferstehung – und darin das Leben und die Vergebung und das Erbarmen und die Gnade!«

»Warum liegt aber die Gnade erst hinter dem Leiden?«

»Weil vor dem Leiden der Kreatur die Schuld liegt. Wir denken immer, Gott muß dieses und jenes tun oder gewähren. Es ist eine schwere Lehre, in der uns beigebracht wird, daß Gott in Wirklichkeit gar nichts muß, sondern daß er tatsächlich der Herr ist. ›Meine Gedanken sind nicht eure Gedanken, und eure Wege sind nicht meine Wege, spricht der Herr, sondern soviel der Himmel höher ist denn die Erde, sind auch meine Wege höher denn eure Wege und meine Gedanken denn eure Gedanken.‹ Und der Glaube hebt da an, wo wir mitten im Grauen der Welt erkennen, daß alle die geheimnisvollen Gedanken und Wege Gottes münden in der Rettung des Menschen!«

»Sie meinen, daß Leiden dann nicht nur Ungerechtigkeit und Willkür ist?«

»Nein, noch nicht einmal nur Strafe und Gericht, nicht nur Prüfung und Erprobung des Glaubens, sondern ein Zeichen dafür, daß der Mensch die ihm geschenkte Welt dem Satan weitergegeben hat, also mitten im Abfall ein stetes Bereiten auf die Erlösung, da Gott ja nicht aufhört, in Jesus Christus die Abgefallenen zu rufen und zu retten. ›Selig sind, die da Leid tragen, denn sie sollen getröstet werden.‹«

»Was ist Gott dann aber für ein harter Lehrmeister! Es ist, als ließe jemand einen Gefangenen halb verdursten und rühmte sich der Barmherzigkeit, wenn er ihm schließlich einen Schluck zu trinken gibt!«

»Das Bild ist schief. Gott läßt den Menschen nicht dürsten, sondern der Mensch selbst entfernt sich von der Quelle, so wie der verlorene Sohn im Gleichnis die Geborgenheit bei seinem Vater verläßt. Der in seiner übermütigen Sicherheit Hinausziehende pfeift auf Gottes Gnade! Erst der Erschütterte kehrt heim zum Vater und wird mit offenen Armen aufgenommen.«

»Der Erschütterte? Der Mensch in der Angst, von dem wir früher sprachen?«

»Ja, es sind immer Menschen in der schrecklichen Angst ihres Lebens gewesen, wahrhaft Erschütterte, ohne alle eigene Sicherheit, die Gottes Gnade in sich selber sichtbar machten für Jahrhunderte: Paulus, Augustin, die Reformatoren. Mir fällt ein Wort Luthers ein: ›Gottes Natur ist es, daß er aus nichts etwas macht. Darum, wer noch nicht nichts ist, aus dem kann Gott auch nichts machen!‹ Und ein anderes Mal sagt er: ›Einem Gläubigen ist nichts schädlicher, denn daß er meint, er habe es schon ergriffen, und es sei nicht nötig, erst zu suchen; denn daher kommt es, daß viele zurückfallen und vor Sicherheit und Faulheit verwelken und lasch werden.‹ Verstehen Sie, was er sagen will? Sehen Sie, diese gottlose Sicherheit ist die Ursünde des Menschen, und ihre Frucht ist die Angst und das Leiden. Sie ist auch die Todesgefahr der Kirche selbst! Jesus hat ihr täglich in seinen Auseinandersetzungen mit den Pharisäern gegenübergestanden. Aus dieser Erfahrung kommt sein Wort, daß im Himmel mehr Freude sein wird über einen Sünder, der Buße tut, als über neunundneunzig Gerechte, die meinen, der Buße nicht zu bedürfen.«

Wir saßen uns nicht in bequemen Sesseln in einem warmen Zimmer gegenüber und diskutierten. Wir zogen durch die dunkle Nacht. Der Schnee schrie unter unseren Füßen, und der Wind heulte über den Bahndamm hinweg. Wir waren müde, und unsere Beine waren schwer. Niemand wird glauben, daß Menschen in dieser Lage ein solches Gespräch führen. Dennoch ist es geführt. Es gibt Lagen, in welchen der Mensch der Bestätigung und Klärung seiner eigenen geistigen Existenz wie des lieben täglichen Brotes bedarf, will er sich nicht selbst aufgeben.

Scholz war in tiefes Nachdenken versunken.

Ehe das Schweigen auch über mich kam, legte ich meine Hand auf seinen Arm und sagte: »Ich weiß ein Wort, das Jesus zu einem Schriftgelehrten sprach und das in dieser Stunde für Sie gilt!«

Ich sah, wie er mir sein zergrübeltes Gesicht zuwandte, dieses offene, junge Antlitz, das ich so oft in der Sicherheit eines frohen Lachens hatte aufstrahlen sehen.

»Jesus sagte zu dem Schriftgelehrten: ›Du bist nicht ferne vom Reiche Gottes!‹«

Nicht lange mehr konnten wir im Windschutz des Bahndammes bleiben. Eine Schlucht tat sich vor uns auf, in die von beiden Seiten die Reste einer gesprengten Eisenbahnbrücke hineinhingen. Ihre Trümmer hatten wohl das Schicksal des

Verwundetenzuges endgültig besiegelt. Es blieb uns nichts übrig, als das Hindernis zu umgehen.

Die vor uns Marschierenden warteten. Auch wir ließen die Nachfolgenden aufschließen, so daß sich wenigstens wieder ein Teil der Ausgebrochenen sammelte.

Wir mußten auf die freie Schneefläche hinaus. Ein verbissenes Ringen um jeden Schritt begann. Wieder und wieder brach unter unserem Gewicht die verharschte Oberfläche der meterhohen Schneedecke ein. Die Versuchung aller Erschöpften lähmte uns von Viertelstunde zu Viertelstunde mehr den Willen und wollte uns verlocken, uns einfach niederzulegen und aufzugeben.

Oberleutnant Gernoth, selbst am Rande mit den Kräften seines massigen Körpers, richtete immer wieder Niedergesunkene auf und sprach ihnen ermutigend zu. Selbst unser Läusel hatte keinen Atem mehr zum Fluchen und schleppte Männe nur noch mühsam keuchend mit sich. Ich half ihm dabei, so gut ich es in meiner eigenen Schwäche vermochte. Ich sah, wie fremde Offiziere ihre schweren, früher so begehrten Lammfellmäntel abwarfen, weil sie ihr Gewicht nicht mehr tragen konnten, und nun dem eisigen Sturm ungeschützt preisgegeben waren. Sie sind im Verlauf der weiteren Strapazen wohl fast alle erfroren.

Als aus dem matten Leuchten des endlosen Schnees schließlich schwarz und massig ein Gebäudekomplex auftauchte, hatte sicherlich keiner mehr auf Rettung vor dem Erfrierungstode gehofft. Aber noch während der Anblick uns bannte und die Lebensgeister wieder wachrief, schoß uns die Sorge ins Herz, ob die Fabrik — denn eine solche schien es zu sein — nicht bereits von den Russen besetzt war. Doch mußten wir ihren Schutz gewinnen, mochte es kosten, was es wollte.

Noch während wir beratschlagten, was am besten zu tun sei, schlug uns aus der Fabrik heftiges Maschinengewehr- und Schützenfeuer entgegen. Sofort verschwanden wir im Schnee. Gleichzeitig aber nahm unser Ohr eine Wahrnehmung in sich auf, die uns anfangs völlig verwirrte, dann aber mit einer jähen Freude erfüllte: es waren zweifellos deutsche Maschinengewehre, die da auf uns schossen und deren schnelle Schußfolge unverkennbar war.

Waren es Russen mit deutschen Waffen, oder lag in dieser Fabrik eine vergessene und verlorene deutsche Einheit verschanzt? Das zu klären, wurden Leutnant Scholz, Ede und ich beauftragt.

Auf dem Bauche kriechend, den Schatten jeder Schneewehe als Deckung ausnutzend, schoben wir drei uns gegen die Gebäude vor. Haarscharf pfiffen die Geschosse über uns weg. Schwere Waffen schienen nicht vorhanden zu sein. Auch diese Tatsache sprach dafür, daß vor uns eigene Leute liegen mußten.

Als wir bis auf gute Rufnähe heran waren, wurde uns diese Annahme bestätigt. Wir hörten, wie sie sich laut rufend und schimpfend unterhielten. »Laßt sie ja nicht ran!« – »Lebendig kriegen sie uns nicht!« – »Haltet die Dinger flach!«

Ein Stein fiel uns vom Herzen. Deutsche! Das bedeutete: Rast, neue gute Nachrichten, vielleicht Rettung!

Wir schrien hinüber: »Feuer einstellen! Wir sind Landser!«

Doch geschah uns etwas Unerwartetes. Wir hatten uns irgendwie vorgestellt, daß die Knallerei sofort aufhören und daß man uns mit offenen Armen willkommen heißen würde. In Wirklichkeit antwortete auf unseren Ruf ein brüllendes, zorniges Gelächter und ein wüstes Geschimpfe, aus dem hervorging, daß man uns für deutsche Überläufer hielt, die als Voraustrupp einer russischen Einheit die deutsche Besatzung übertölpeln sollten. Solche Versuche sollen tatsächlich vorgekommen und teilweise auch gelungen sein.

Erneut riefen wir sie an. Wir beschworen sie. Sie lachten und höhnten und verschärften das Feuer. Ede versuchte es auf urberlinisch. Prompt kam eine unmißverständliche Antwort in nicht weniger einwandfreiem Dialekt. Aber auch das half uns nichts. Sie waren einfach nicht zu überzeugen.

Vielleicht hatten sie mehr Schnaps im Schädel, als ihnen zur Beurteilung der Lage zuträglich war, eine Annahme, die sich später als richtig erwies. Jedenfalls war es eine Situation, die einer inneren Komik nicht entbehrt hätte, wenn sie uns nicht mit jeder Minute in größere Todesgefahr gebracht hätte.

Wir krochen zurück und berichteten. Gernoth entschied kurzerhand, daß wir uns alle mit äußerster Vorsicht heranarbeiten sollten. Noch länger tatenlos im Schnee liegenzubleiben, hätte für viele von uns bedeutet, daß sie der Ermüdung nachgaben und erfroren.

So ergab sich in jener gespenstischen Nacht irgendwo im fernen Rußland das widersinnige und unglaubhafte Bild, daß eine Schar deutscher Soldaten auf dem Bauch durch den Schnee kroch und von anderen deutschen Soldaten mit größter Hartnäckigkeit daran gehindert und bekämpft wurde.

Die Leute der Fabrikbesatzung erwehrten sich des vermeintlichen Angriffes wie die Teufel. Sie schossen kaltblütig und schnell, wie auch wir es gestern getan hatten. Hier schrie einer auf und blieb liegen, dort bäumte sich einer empor und sackte in sich zusammen.

Gernoth knirschte vor Wut mit den Zähnen. Als er nahe genug heran war, brüllte er: »Aufhören, ihr Idioten!«

Aber auch er erreichte nicht mehr als wir bei unserem Versuch. So mußten wir den bitteren Weg bis zu Ende zurücklegen. Immer wieder durchbohrte eines Deutschen Kugel einen Deutschen. Wir hatten ernsthafte Verluste. Es war zum Verrücktwerden!

Gernoth befahl, daß der größte Teil von uns abermals liegenbleiben sollte, um weiteres Unheil zu vermeiden, indes wir nun schnell und ohne Rücksicht auf die Gefahr vorwärts drangen. Erst als wir dicht vor den Fabrikleuten lagen und nicht aufhörten, auf sie einzurufen, schienen sie stutzig zu werden. Aufgeregt schrien sie sich ihre Vermutungen zu. Das Feuer wurde unregelmäßig und versickerte allmählich. Da waren wir auch schon in ihren Linien.

Mit rauchenden Waffen, völlig benommen von der Überraschung tauchten die Landser aus ihren Löchern und Deckungen auf. Einen Feldwebel, der das Kommando führte, schrie Gernoth an: »Sind Sie denn völlig wahnsinnig geworden, meine Leute abzuknallen?!«

Es stellte sich heraus, daß sich die Reste eines Infanteriebataillons hier eingeigelt hatten und im Bewußtsein, daß doch alles verloren sei, ihr Leben so teuer wie möglich verkaufen wollten. Auf den Gedanken, daß vom Nordosten her noch Deutsche herannahen könnten, waren sie gar nicht gekommen. Vom reichlich genossenen Schnaps sowieso benebelt, war es ihnen außer Zweifel erschienen, daß hinter dem Angerufenwerden in der eigenen Sprache eine russische Kriegslist stecke.

»Geht sofort los und bringt die Verwundeten her!« befahl Gernoth den höchst betroffenen und bedrückten Verteidigern der Fabrikanlage, ehe er sich zu ihrem Kommandeur führen ließ.

Halb erfroren, wie wir waren, folgten wir dem Feldwebel, der uns durch ein Gewirr von Gebäuden zu einem Kellereingang führte, dessen steile Treppe wir hinabstolperten, und tasteten uns durch einen langen, dunklen Gang, bis sich eine Tür öffnete, aus der uns eine Fülle von Licht blendend in die Augen fiel.

Mindestens zwanzig Kerzen erleuchteten den Keller mit einem festlichen Schein. An einem schäbigen Tisch saß vor einer Flasche Kognak ein nicht mehr ganz junger, schmalgesichtiger Major, der — als er sich nun seelenruhig erhob — sich als ein Mann von unwahrscheinlicher Länge und Dürre erwies. Er begrüßte uns jovial, als ob wir ihm einen Höflichkeitsbesuch abstatteten, verzog auch keine Miene, als er merkte, daß wir keineswegs sämtlich Offiziere waren.

»Das ist nett, daß ihr mal reinschaut«, sagte er mit seiner knarrenden Stimme.

»Ja, das hatten wir uns schon seit langem vorgenommen,

Herr Major«, erwiderte Gernoth grimmig, »es war auch wirklich ein reizender Empfang dort oben, sozusagen mit einem festlichen Feuerwerk.«

Der Major plinkerte Gernoth an, wie ein Habicht auf ein Rebhuhn blickt, das sich nicht fressen lassen will.

»Sie scheinen ein Mann zu sein, mit dem man sich unterhalten kann. Mit den meisten lohnt es sich ja wirklich nicht«, sagte er anerkennend. »Wollen Sie nicht bitte einen Augenblick Platz nehmen? Ich habe hier einen ausgezeichneten Tropfen!«

»Herr Major mögen verzeihen«, nahm Gernoth den Ton auf, »aber meine Zeit ist bemessen. Ich habe meinen Leuten einen kleinen Ausflug zugesagt. Ich möchte sie nicht enttäuschen.«

»Ach, welch liebevoller Vater! Tapfere Leute übrigens – Ihre Leute, allen Respekt! Habe davon gehört!«

Der Kerl wußte also genau Bescheid. Ich hatte ihn sogar dringend in Verdacht, daß er oben gewesen war und sich erst im letzten Augenblick, als wir herangekommen waren und sich der schreckliche Irrtum herausgestellt hatte, in seinen Fuchsbau zurückgezogen hatte.

Plötzlich ergriff er Gernoths Hand und sagte herzlich: »Es tut mir aufrichtig leid, uns allen hier, das müssen Sie uns glauben! Aber meine Jungens, meine Schneeteufel sind das nun mal so gewohnt, ihre Haut so teuer wie möglich zu verkaufen. Sind nette Jungens, ganz bestimmt, aber wenn sie erstmal ins Schießen kommen ...! Habe sie so erzogen! Eine gräßliche Sache, aber nicht mehr zu ändern!«

Damit hatte er allerdings auch unwiderlegbar recht. Gernoth erwiderte den Händedruck. »Nein, leider nicht«, sagte er, »aber bitter waren die Verluste für mich, das kann ich Ihnen versichern!«

»Ich fühle es Ihnen nach«, antwortete der Major gemessen.

Er befahl, daß man alle unsere Leute zum Aufwärmen in den Keller holen sollte. Der Raum füllte sich. Aber wir paßten alle hinein, so klein war unsere Zahl nur noch. Die meisten sanken sofort in sich zusammen und schliefen ein.

Der lange Major und Gernoth berieten, was zu tun sei. Der Major wollte bleiben und halten. Er hoffte auf einen deutschen Vorstoß und Entsatz. Gernoth hielt beides für ausgeschlossen. Er war trotz aller scheinbaren Aussichtslosigkeit dafür, den Ausbruch weiterzuführen.

Noch während sie sich besprachen, stürzte ein Melder herein und berichtete, daß jetzt tatsächlich Russen — er sagte »richtige Russen« — sich der Fabrik vorsichtig näherten. Die Kameraden, die unsere Verwundeten bergen wollten, hätten es festgestellt.

»Dann los! Gehen Sie!« sagte der Major. »Dann hat es hier keinen Zweck mehr! Nehmen Sie meine Jungens mit!«

Alles sprang auf und drängte sich aus dem Keller.

»Machen Sie schnell, Herr Major!« trieb Gernoth. »Wo ist Ihr Mantel?«

»Ich brauche keinen Mantel. Ich bleibe hier«, antwortete der Lange mit unheimlicher Ruhe.

»Aber das ist doch Selbstmord! Das ist doch Wahnsinn!«

»Das eine ja, das andere nein! Ich bin zu alt für solche Touren, habe außerdem einen lahmen Flunken. Sie können keinen Ballast gebrauchen! Nun los, weg mit euch!«

Jeder sah, daß alles Zureden zwecklos sein würde.

Leise und zögernd fragte Gernoth: »Soll ich — etwas mitnehmen — oder irgendwem einen Gruß ausrichten?«

»Nicht nötig, Kamerad, habe keinen Menschen in dieser sonnigen Welt!«

Wir standen ratlos herum. Die Zeit drängte. Jede Minute war kostbar. Aber andererseits: Sollte man tatsächlich hinausgehen und den Einsamen zurücklassen?

Doch der Major gab jedem flüchtig die Hand und drängte uns zur Tür. »Nun haut schon ab! Ihr meint es gut, aber es hat wirklich keinen Zweck!«

Da gingen wir. Ehe ich die Tür zuschob, warf ich einen

letzten Blick in den Raum. Der Major hatte wieder an dem Tische Platz genommen. Die Kerzen bestrahlten sein ledernes, unbewegtes Gesicht. Vor ihm stand die Kognakflasche. Daneben sah ich jetzt eine Pistole. Sie hatte vorher dort noch nicht gelegen. Hager und aufrecht saß er auf seinem Stuhl. Welch eine Haltung! Doch war nicht zu erkennen, ob hinter der Haltung auch ein wirklicher Halt steckte.

Ich eilte den anderen nach. Oben kamen von allen Seiten die aus ihren Stellungen gerufenen Schneeteufel herangelaufen. Sie waren heilfroh, als Gernoth ihnen mit unterdrückter Stimme den weiteren Plan mitteilte. »Das ist ja ein wahres Weltwunder, daß unser alter Marabu uns laufen läßt!« flüsterte mir einer von ihnen zu. »Er war immer sehr für Heldentod . . .«

Von den heranrückenden Russen pfiffen ein paar vorfühlende Schüsse herüber. Das Feuer wurde nicht erwidert. Man durfte hoffen, daß sich der Russe mit äußerster Vorsicht herantasten und wahrscheinlich die Fabrik besetzen würde, ohne uns unmittelbar auf den Fersen zu bleiben. Denn was hatte er schon für ein Interesse an einer in die Schneewüste versprengten, kampfschwachen deutschen Gruppe?

Indes wir das Fabrikgelände verließen und der eisige Sturm uns abermals als willkommene Beute umfing, mußte ich an den todeseinsamen Major vor seiner Pistole denken und an unsere Verwundeten, die nun doch nicht mehr hatten geborgen werden können und nach denen der kalte Tod jetzt seine Finger ausstreckte.

Das Erbarmen der Mütter

Noch nicht lange waren wir unterwegs, als wir wieder auf den Bahndamm stießen. Damit wurde uns wenigstens die Gewißheit geschenkt, daß es uns gelungen war, die Schlucht zu umgehen und die ersehnte Westrichtung erneut zu gewinnen.

Wenn wir auf den Bahndamm hinaufstiegen, trug der stürmische Nordostwind die Geräusche der Rollbahn, die hier in nicht allzu weiter Entfernung parallel zur Bahnstrecke verlief, zu uns herüber: das Rasseln der Panzerketten und das Knarren der Panjefahrzeuge; ab und an war auch der rauhe Ruf eines Pferdelenkers vernehmbar. Es waren die Russen, deren Flut sich ungehindert und unaufhaltsam nach Westen ergoß. Die Unbekümmertheit, mit der sich ihre Truppen zu bewegen schienen, vernichtete in uns jede Hoffnung, daß sich irgendwo, nicht allzu fern, eine deutsche Front gebildet habe.

Diese Erkenntnis fing uns gleichsam in dem Netze einer lähmenden Depression ein. Hatte es überhaupt noch einen Sinn, an Rettung zu glauben? Sollten wir nicht wie der lange Major das Unabwendbare bewußt, gleich einem Absturz in das Nichts, auf uns nehmen?

Ach, daß auch ein Christenmensch immer wieder der Anfechtung erliegt! Wie hatte ich gebetet, gerungen und mich in Zucht genommen! Wie oft hatte ich mein armes Leben dem gnadenvollen Heiland anbefohlen! Wie oft hatte ich gemeint, ich wäre endgültig hindurch, und was immer mir geschähe, ich würde es tragen und erleiden im Wissen um die unzerstörbare Geborgenheit! Wie glatt war mir neulich der Hinweis an Scholz über die Lippen gegangen, daß der Christenstand sich nie sicheren Besitzes rühmen könne, sondern seine Glaubensgewißheit ein immer neu verliehenes Geschenk der freien Gnade Gottes sei!

Jetzt aber, da sich die dunkle Wolke der Niedergeschlagenheit über mein Gemüt gesenkt hatte, haderte ich in der Anfechtung, als ob ich nicht wüßte, daß kein Kind Gottes tiefer stürzen kann als in seine Hände.

Wieder quälte mich die Frage nach dem Menschen. Was ist der Mensch? Ein Gemächte, wie es der Psalmist ausdrückt, ein Grashalm, der unter der Sonne verdorrt, ein welkes Blatt, das der Wind verweht — ja! tausendmal ja! Man lebt nicht, man vegetiert! Man stirbt nicht, man verreckt! Man ist kein Geschöpf Gottes, sondern Menschenmaterial, das in der Glut der nicht zu bannenden Katastrophen verheizt wird, wie der Soldat sagt. Was ist der Mensch? Ein Dreck! Wenn ich mich jetzt fallen lasse, bin ich in einer halben Stunde ein winziger Klumpen Eis in diesem weiten Raum des Eises. Vielleicht kommt vorher ein Wolf über die Steppe und reißt mir die Gedärme heraus. Das ist der Mensch!

Gott aber läßt es zu! Das ist das Schreckliche für uns, die wir an seine Barmherzigkeit glauben möchten. Er schweigt, und es ist ihm gleichgültig. Die Anklage, die ich so oft mit wohlgesetzten Worten widerlegt hatte, schrie nun wie ein wildes Tier aus mir selbst. Ich wußte genau, daß alles ganz anders war, aber die Anfechtung hatte mein Herz übermannt.

Verzweifelt setzte ich Fuß vor Fuß. Aber war nicht jeder Schritt zwecklos und ein Wahnsinn? Doch solange die Beine sich heben ließen, trabte ich durch den Schnee. Man hört nicht auf. Ist stärker als Glaube und Verzweiflung zusammen der einfache, kreatürliche Wille zum Leben?

Mit einemmal war es in mir ganz leer. Ich war wie ein umgestürztes Gefäß, aus dem der Inhalt herausgeströmt war. Wer würde es aufheben und von neuem füllen?

Wer war es, der mich aufhob und es mir plötzlich schenkte,

daß ich all meinen Jammer in ein paar schlichten Versen aussprechen konnte? Ich habe es bis heute nicht vergessen, das kleine Gedicht, das in jener Nacht wie ein köstlicher Trost in mir geboren wurde:

Die Nacht ist wild von Sturm und Schnee,
die Nacht ist voller Tod.
Was ich mit wunden Augen seh,
ist grause Sterbensnot.

Kein Licht, kein Dach, nur alles Feind,
mein Schritt, der ist so schwer,
und meine müde Seele meint,
es geht nicht weiter mehr.

Da gibt die Nacht, die wilde Nacht,
statt Tod mir neuen Mut,
in mir ist ein Gebet erwacht,
stellt mich in Gottes Hut.

Plötzlich, ohne mein Verdienst, stieg das Gebet in mir empor, wie in einer verdorrenden, sterbenden Pflanze der im letzten Augenblick geschenkte köstliche Lebenssaft. Und indem das Gebet mich mehr und mehr erfüllte, verwandelte es sich in seine Bestätigung, die Gott den aus der Herzensnot Betenden nie versagt. »Bittet, so wird euch gegeben; suchet, so werdet ihr finden; klopfet an, so wird euch aufgetan!« Hatte ich nicht wieder die Erfüllung der alten und ewig neuen Verheißung Gottes erfahren: »Ich will dich nicht verlassen noch versäumen! Rufe mich an in der Not, so will ich dich erretten und du sollst mich preisen! Fürchte dich nicht, ich bin mit dir, weiche nicht, denn ich bin dein Gott!«?

Da war wieder einer jener Augenblicke, in denen der Christusmensch der göttlichen Geborgenheit gewiß wird — im Leben und im Sterben. Denn es handelte sich ja keineswegs um eine Rettung oder auch nur günstige Wendung in sinnenfälliger Bedeutung. Die Lage war nach wie vor hoffnungslos geblieben. Aber das Sterben stand nicht mehr als der lähmende Schrecken vor mir, sondern es lag inmitten dieser Geborgenheit als eine Station, als ein Durchgang zur Ewigkeit in der Gemeinschaft Gottes. Ich durfte in den Siegesjubel des Paulus einstimmen: »Der Tod ist verschlungen in den Sieg! Tod, wo ist dein Stachel? Hölle, wo ist dein Sieg?«

Auch für den Christen ist diese Erfahrung aufgespart für seltene Augenblicke seines Lebens. Sie ist ein Geschenk des Heiligen Geistes und wird immer wieder überwuchert von den vielfältigen Gebundenheiten an unsere arme, geliebte Welt. Aber wen sie je und dann als Vorgeschmack der ewigen Seligkeit überwältigte, über den kann zwar stets von neuem die schrecklichste Anfechtung ihre Macht gewinnen, der kann aber nicht aufhören, sie in inbrünstiger Gläubigkeit zu sich herabzubeten. Niemals wird er wieder ganz arm sein, weil er weiß, daß Gott sich zu ihm herabneigen wird, wenn es »seinem Rat gefällt«.

Mit einemmal war mir nun leicht zumute. Selbst mein geschwächter Körper gewann neue Kraft. Ich konnte wieder marschieren ohne das beklemmende Gefühl, in der nächsten Minute zusammenzubrechen. Ich kroch sozusagen aus dem Gehäuse meines Elends heraus und entdeckte wieder, daß ich nicht allein das tiefe Tal der Not durchwanderte. Ich fand zu den Kameraden zurück und sah, wie ihnen die Mutlosigkeit den Nacken beugte.

Da schleppte vor mir Oberleutnant Gernoth seinen starken, schweren Leib nur noch mühsam durch die Nacht. Scholz keuchte vor Anstrengung. Dem immer frohgemuten Ede war der Born seiner Heiterkeit von den Brocken der Niedergeschlagenheit verschüttet. Läusel fluchte nicht mehr. Sie alle und die vielen anderen schlichen dahin, wie auch ich noch kurz zuvor. Und keiner hatte einen Blick mehr übrig für den Nächsten.

Ach, wenn es mir doch gegeben wäre, an ihnen den gnadenvollen Dienst meines Amtes zu tun! Ich war beschenkt. Wenn es mir doch gelänge, die Gabe weiterzureichen! Schmerzlich wurde ich mir, wie schon so oft, der Armseligkeit meines Wortes bewußt. Wie gewandt steht uns doch in unserer Zeit das Wort zu Gebote! Wie ist aber unser Wort auch arm geworden! Wie alles ist es Fassade und trägt nicht mehr. Ob es daher kommt, daß vor unserem Reden nicht mehr das Schweigen steht? Ich betete, daß Gott mir helfen möchte. Aber ich kriegte den Mund nicht auf, um meine Erfahrung weiterzugeben. War ich zu feige? Fühlte ich mich unfähig dazu? Ich schwieg und blieb mit meiner neuen Kraft für mich. War dieses Schweigen nicht schon wieder neue Schuld? Allein der heulende, pfeifende Sturm hatte das Wort. Sein war aber das Wort des Todes.

Während ich noch eine Brücke suchte, die mich hinüberführen sollte zu meinen Kameraden, zeigte mir Gott selbst den Weg, seinen Trost zu bezeugen.

Ein paar Schritte vor mir brach plötzlich unser Läusel zusammen. Er riß Männe Schwarz, den er noch immer am Arm geführt hatte, mit sich in den Schnee. Ratlos umringten wir die beiden. Wir waren erschüttert, daß es gerade den Stärksten und Unverwüstlichsten, aber auch einen der zur Hilfe Bereitesten unter uns traf. Wir mußten ihn auf jeden Fall wieder auf die Beine bekommen! Ohne einen Blick zur Seite zu wenden, zogen die anderen an uns vorbei. Es half aber nichts, wir mußten sie ziehen lassen und den Erschöpften eine Pause gönnen. So hockten wir uns um die beiden Liegenden: Gernoth und Scholz, Ede und noch drei von uns, ein fremder Hauptmann und ich.

Stumpf brüteten wir vor uns hin. Gernoth versuchte auf Läusel einzureden, aber seine Stimme erstarb. Sollte diese furchtbare Niedergeschlagenheit unseren Kreis endgültig auseinanderreißen? Sollten ein paar, die es noch konnten, nun aufstehen und bis zum eigenen Niederbruch weiterwandern, indes die Zurückbleibenden im Anhauch des kalten Todes ihr müdes Haupt sinken ließen?

Da wußte ich mit einemmal, was ich zu tun hatte. Es fiel mir nicht zufällig ein und war keine Frucht meines Grübelns. Es war eine klare Weisung von oben. Ich fürchtete mich, sie auszuführen. Aber sie war so unmißverständlich, daß meine Scham und mein Zittern vor ihr gegenstandslos wurden.

»Jetzt weiß ich nur noch eines«, sagte ich, »ihr werdet es absonderlich finden. Aber es ist wie ein Befehl . . .«

»Was ist es?« fragte Gernoth.

»Ich soll das heilige Abendmahl reichen.«

In mir sprang eine Angst auf und lauschte gebannt, ob jetzt nicht einer sagen würde: Laß doch den Mumpitz! Oder: Mach doch kein Theater!

Doch alle schwiegen.

Ein stilles Gebet flog durch mich hin: »Ich bitte dich, Vater im Himmel, laß es doch nicht das Schweigen der Verlegenheit oder Erschöpfung sein. Sei als der Erbarmende gegenwärtig in ihren Herzen. Mache sie deiner gewiß. Vergilt es nicht ihnen, daß ich, der ich dich in Brot und Wein darreichen darf, ein schwacher, kleingläubiger, armseliger Mensch bin, der geringste unter deinen Dienern . . .«

»Ja«, sagte Gernoth, »das ist vielleicht gut.«

Und ich begann: »Im Namen Gottes, des Vaters, des Sohnes und des Heiligen Geistes. Amen. So spricht unser Heiland: Kommet her zu mir alle, die ihr mühselig und beladen seid, ich will euch erquicken! Nehmet auf euch mein Joch und lernet von mir, denn ich bin sanftmütig und von Herzen demütig, so werdet ihr Ruhe finden für eure Seelen. Denn mein Joch ist sanft und meine Last ist leicht.«

Gebet, Zusprechung der Vergebung und die Einsetzungsworte.

»Herr, erbarme dich unser!
Christe, erbarme dich unser!
Herr, erbarme dich unser! Amen!«

Dann zerbrach ich ein Stück Kommißbrot und teilte es aus. »Nehmet hin und esset, das ist der Leib Jesu Christi, für eure Sünde in den Tod gegeben, der stärke und erhalte euch im wahren Glauben zum ewigen Leben.«

Und die letzten Stückchen des gefrorenen Sektes reichte ich ihnen. »Nehmet hin und trinket, das ist das Blut Jesu Christi, für eure Sünde vergossen, das stärke und erhalte euch im wahren Glauben zum ewigen Leben.«

In das Vaterunser fielen rauhe, murmelnde Männerstimmen ein, und nach dem Segen richtete sich Männe Schwarz auf und sprach seinen Vers: »Befiehl du deine Wege ...« Der Schluß, »... der wird auch Wege finden, da dein Fuß gehen kann«, klang so gewiß und getrost, daß mich eine heiße, zitternde Hoffnung erfüllte.

Was nun? Hatte der Herr sich unser erbarmt? Läusel stand schwerfällig auf. »Weiter!« sagte er; »es geht wieder!« Alle kamen auf die Beine. Sie stampften mit den Füßen und schlugen die Arme zur Erwärmung um die Schultern.

Gernoth reichte mir die Hand. »Das werden wir nie vergessen ...«

Wir hatten in der Freude unserer Kräftigung gar nicht bemerkt, daß einer aus unserem Kreise liegengeblieben war: der fremde Hauptmann. Ich beugte mich zu ihm hinab. »Wir müssen weiter, Herr Hauptmann!«

Er schüttelte den Kopf. »Es geht nicht mehr. Ich kann nicht mehr ...« Wieder einer, den wir liegenlassen mußten? Gernoth kniete neben ihm nieder: »Wir helfen! Kommen Sie, es wird schon gehen!«

»Nein, es geht nicht mehr!« Seine Stimme war so schwach, daß wir ihn kaum verstanden. »Ich bitte Sie, lassen Sie mich! Es ist alles gut so. Es war so schön. Auch für mich weiß er einen Weg.«

Er war ein Mann von etwa fünfzig Jahren. Mit mühsamen Bewegungen nestelte er seine Pistole heraus und gab sie Gernoth.

»Nehmen Sie bitte, ich brauche sie nicht. Ich will sie nicht gebrauchen! Und hier die Briefe und die Papiere ...«

Gernoth nahm alles, gab ihm die Hand und stand wortlos auf. Langsam entfernte er sich mit den anderen. Es war selbstverständlich, daß ich zurückblieb.

Ich betete mit dem Fremden. Dann sprach ich die ewigen Worte des Heilandstrostes über ihm: »Den Frieden lasse ich euch, meinen Frieden gebe ich euch. Nicht gebe ich euch, wie die Welt gibt. Euer Herz erschrecke nicht und fürchte sich nicht.« Aber ehe ich noch zu Ende gesprochen hatte, war er eingeschlafen. Hier in der sturmübertosten Schneewüste würde er nie mehr erwachen. Er war hindurch und daheim. Auf seinem Antlitz lag ein unbeschreiblicher Friede.

Ich eilte den anderen nach, und als ich sie eingeholt hatte, zogen wir rascheren Schrittes in die ungewisse Nacht.

Da gingen sie nun vor mir her, die Gefährten unerhörter Erlebnisse. Aus ihrer bürgerlichen Sicherheit waren sie ebenso herausgerissen wie aus ihren Lebensplänen. Die vielfältigen Hüllen ihrer sonst so verschiedenen Existenz waren von ihnen abgefallen, nicht einmal das silberne Schulterstück war mehr das Zeichen eines Ranges — es war einfach nur der Kern übriggeblieben: der Mensch. Die tausendfach glitzernde Fassade war in sich zusammengestürzt; und was man sah, war nur noch das pulsende, zitternde Herz. Anfang und Ende fielen wieder zusammen: der nackte Mensch stand vor Gott.

Diese Handvoll Menschen verkörperten Sinn und Aufgabe unserer Generation, vielleicht unseres Jahrhunderts: den abgefallenen und abgestürzten Menschen wieder einzufügen in seine göttliche Ordnung. Denn das Lebensgefühl des absoluten Nichts ist die Angst. Der Vater im Himmel, der allein der Herr des grauenhaften Nichts und damit der Angst ist, hat uns aber für seine Geborgenheit bereitet.

Ob sie diese Geborgenheit gespürt hatten? Ob sie in ihnen noch mächtig war? Es war unmöglich, sie danach zu fragen. Ich mußte warten und vertrauen. Es fiel mir ein, daß diese

Feier des heiligen Abendmahles nicht nur in ihrer Form absonderlich, sondern auch in der Zusammensetzung ihrer Teilnehmer nach der kirchlichen Ordnung unmöglich war: der Zweifler, der Skeptiker, der Katholik, der Evangelische — und wie war auch ich in der überzeugten Betonung meines Bekenntnisses geneigt, in normalen Zeiten Schranken aufzurichten, die ich für unübersteigbar hielt! War auch die Kirche Jesu Christi in die Krise aller Sicherheiten mit hineingerissen und wie alles andere auf den Ursprung oder auf das Ende geworfen?

Allmählich hatte sich die Rollbahn wieder von der Bahnstrecke entfernt, und wir hörten die Geräusche des russischen Vormarsches nicht mehr. Wir kamen ziemlich flott vorwärts. Ede und ich führten jetzt Männe Schwarz, der sich erstaunlich tapfer hielt. Er mußte doch Fieber und Schmerzen haben und sehr geschwächt sein. Aber sein Vertrauen stärkte seinen eisernen Willen.

Wir beide frischten Erinnerungen an gemeinsame Fußballspiele auf. Es gehörte zu Gernoths Rezepten, zur Ablenkung von den unaufhörlichen Sorgen und Nöten uns zu für unsere Lage ganz abseitigen Gesprächen zu ermuntern. Es bleibt mir unvergeßlich, daß er einmal auf einem endlosen, zermürbenden Marsch durch die Staubwolken und Gluthitze des russischen Hochsommers die Vorstellung in mir erweckte, wir machten daheim einen Spaziergang und führten eine spannende Unterhaltung über faustische Fragen.

Männe wurde richtig lebhaft, als ihm immer neue Einzelheiten manch fröhlicher, heißer Schlacht auf den Sportplätzen unserer weiten Heimat einfielen. Und mit diesen Erinnerungen stieg das ganze sonnige Land unserer Jugend vor uns auf: gute Freunde und frische Mädchengestalten, gemeinsame Reisen in den lachenden Frühling, die ganze geliebte Welt.

Wie sollte Ede dazu schweigen? »Ach, damals das Gastspiel in Wien!« Er schnalzte vor Begeisterung mit der Zunge. »Natürlich auch Frühling, aber Frühling in Wien, wißt ihr, das ist noch ganz etwas anderes!« Da hätte er sie kennengelernt, die schöne Isolde von Sternheim. »Habe ich es dir nicht schon einmal erzählt, Martin? Nein? Na, mir war so! Also stellt euch vor . . .«, und mit beredten, phantasievollen Worten erzählte er die längst bekannte Geschichte von der Begegnung mit der Erwählten seines Herzens. Wir sahen das prunkvolle Bühnenbild, das – wollte man seinem Bericht Glauben schenken – nur entworfen und gestaltet war, um die Holdselige in den gebührenden Rahmen zu stellen. Kein Wort davon, daß sie bestenfalls in der ersten Reihe des Chors ihren Platz gehabt hatte. Und jene sternenübersäte Nacht im Prater mit dem Verlobungskuß im Riesenrad! Und das verschwiegene Café am Ring! »Ich habe ihr Bild doch wohl eingepackt, Martin?«

Ja, er hatte es mitgenommen und trug es überdies im Herzen, sein Phantom, dieses üppige, schöne Mädchen, das – wie sich nachher herausstellte – zu ungeduldiges Blut in den Adern hatte, um treu zu warten, bis ihr Ede ausgepreßt und lädiert aus Rußlands blutgetränkten Schneewüsten wiederauftauchte.

Aber alsbald wurden die lieblichen, belebenden Bilder der Erinnerung von der harten Hand der Wirklichkeit ausgelöscht. Wir hatten plötzlich eine Eisenbahnbrücke vor uns, deren Unterbau in die Luft gesprengt war und deren einzige Verbindung auf mindestens zehn Meter Länge nur noch aus den verbogenen Schienen mit einigen Schwellen bestand. Mitten in diesen Schienen aber hing ein Pferdekadaver.

Ich weiß nicht, ob es vorstellbar ist, wieviel Mühe und Kraft die Überwindung dieses Hindernisses kostete. Wir mußten jedoch hinüberkriechen, da die Abhänge des Flußufers oder der Schlucht – man konnte nicht klar erkennen, was es war – steil in die Schneedecke einbrachen. Die Schienen waren vereist, unsere Uniformen und Stiefel schwer. Ein Glück, daß der steinharte und sonst wohl unübersteigbare Pferdekörper noch das Zaumzeug trug. Mit unsäglicher Anstrengung halfen wir Männe hinüber. Wir verloren viel Zeit dabei.

Während wir keuchend das letzte Stück der nun wieder festeren Brücke entlangkrochen, bekamen wir unerwartet Infanteriefeuer von der rechten Seite vor uns. Ob dort eine Ortschaft lag oder ob es sich um russische Truppen handelte, die die Rollbahn sicherten, konnten wir nicht feststellen. Auf jeden Fall war es ein russisches Maschinengewehr, das inmitten der Gewehrschüsse seine Garben zu uns hinüberhämmerte.

Vielleicht waren wir zu laut gewesen. Sicherlich, wir hatten uns, nachdem Leutnant Scholz als erster den Übergang ausprobiert hatte, etwas zugerufen. Wir waren also entdeckt. Höchstwahrscheinlich würde der Russe versuchen, vor uns den Weg am Bahndamm abzuschneiden. Zurück konnten wir aber auch nicht.

In fliegender Hast gab Gernoth seine Anweisungen. Er wollte mit Läusel und drei Mann ein paar Minuten lang das Feuer erwidern und uns dann nachkommen, indes wir mit Männe Schwarz nach links, also nach Süden als der einzigen Fluchtmöglichkeit, ausweichen sollten. Wir schossen unsere Gewehre mehrmals ab, um den Russen erstmal in den Schnee zu zwingen. Dann arbeiteten wir uns, so schnell es möglich war, im Schutze des Bahndammes in die Schneewüste hinein.

Nach etwa einem Kilometer verhielten wir völlig ausgepumpt und hatten in unserem Pech wenigstens die Freude, daß Gernoth und die Kameraden, die unseren Spuren gefolgt waren, bald darauf zu uns stießen. Eine größere russische Streife hätte sich tatsächlich ziemlich nahe herangekämpft, berichtete der Oberleutnant, aber er nähme nicht an, daß sie den Bahndamm überschreiten, sondern diesem vielmehr folgen würde. – Da saßen wir also recht verloren im Schnee und konnten vorerst den einzigen halbwegs gangbaren Rückzugsweg nicht mehr benutzen. Es blieb uns nichts übrig, als uns von ihm noch ein wenig weiter zu entfernen und dann querfeldein die alte Westrichtung wieder einzuschlagen.

Kein Tier brauchte in dieser endlosen Wüste aus Eis und Schnee umherzuirren. Höchstens ein paar Wölfe waren wohl unterwegs. Und mit den Wölfen der Mensch, dem Gott die ganze Welt geschenkt hat mit Häusern und mit Öfen in warmen Zimmern! Schon der Gedanke daran konnte einen verrückt machen.

So begann der zermürbende Kampf um jeden Schritt von neuem. Ähnlich haben wohl die verschollenen Expeditionen der Polarforscher im ewigen Eis um ihr Leben gerungen. Denn jetzt ging es auch ohne Trommelfeuer und Granatwerfer und zermalmende Panzerketten um Leben und Tod. Meter für Meter war eine Strapaze. Die Lungen keuchten. Das Herz hämmerte. Unbarmherzig dehnte sich um uns die im Schneelicht verdämmernde Weite. Und da uns der Bahndamm nicht mehr schützte, sprang uns der Sturm mit bestienhafter Gewalt an. Wie mit Messern schnitt er uns ins Gesicht und drang mit der Zeit auch durch die dicke Kleidung bis auf die Haut. Dabei rannen uns Bäche von Schweiß über den Rücken.

Überdies traf uns ein neues Elend und hielt uns immer wieder auf: Unser Oberleutnant erlitt einen der üblichen Ruhranfälle und mußte sich alle Augenblicke in den Schnee hocken. Es dauerte lange, bis die Opiumtabletten, die ich bei mir trug, wirkten. Er wurde immer schwächer. Doch hielt ihn sein eiserner Wille aufrecht.

Und immer wieder geschah es, daß einer von uns niederstürzte und nicht weiter konnte. Auch mich übermannte einmal der tote Punkt so vollständig, daß ich mich in einer scheinbar unüberwindlichen Schwäche fallen ließ, um das Ende zu erwarten. Es war ein großer Friede in mir. Wärme und Licht fluteten durch mich hin, und ich harrte in einer wunderbaren Ergebenheit auf den Herrn, der mich aufheben und in seinen barmherzigen Armen bergen sollte. Kein Widerstand und kein Aufbegehren waren mehr in mir.

Ich war unwillig und wehrte mich, als sie mich emporrissen, so wie ich selbst vorher einen anderen hochgezerrt hatte. Ich bat flehentlich, sie sollten mich doch in Frieden lassen.

Aber sie ließen nicht nach: »Los! Hoch mit dir! Mensch,

Martin, das geht vorüber! Los! Wir wollen nach Hause! Denk an deine Frau! Denk an deine Kinder!«

Und sie schleppten mich fort, bis die Beine wieder anfingen, zögernd aufzutreten und den Kampf mit den ständig einbrechenden Schneemassen erneut aufzunehmen. Schließlich erwachte auch der Wille zum Leben und trieb mich vorwärts. Unvorstellbar, was der Mensch aushält! Jede Maschine hätte hier versagt, das stärkste Pferd wäre hilflos zusammengebrochen, aber der Mensch kämpft bis zum letzten Atemzug um sein bißchen Leben.

Doch hätte uns aller Wille und aller Kampf nichts genützt. Wir wären zuletzt doch alle, einer ein bißchen eher, der andere etwas später, liegengeblieben und erfroren, wenn uns Gott in seiner Barmherzigkeit nicht im letzten Augenblick die Rettung geschenkt hätte.

Obgleich mein Körper wieder arbeitete, war ich mir klar darüber, daß dieses Aufflackern der Kräfte nicht lange anhielte. Der Augenblick konnte nicht fern sein, da erneut und endgültig der Schnee meine letzte Lagerstatt hier auf Erden sein würde. So betete ich ohne Unterlaß – nicht mehr um Rettung aus dieser Todesnot, sondern darum, daß mein Heiland mich in dieser Sterbensbereitschaft erhalten und nicht mehr in die Verzweiflung der kreatürlichen Angst zurückfallen lassen möchte.

Selten in meinem Leben habe ich die Erhörung eines Gebetes so deutlich gespürt. Während ich meinen geschwächten Körper Meter um Meter vorwärts schleppte und ich mich immer wieder mit der letzten Kraft in den von der Seite heranbrausenden Sturm warf, blieb in mir das Bewußtsein einer unsäglichen Geborgenheit. Ich befahl die Meinen der Fürsorge Gottes, desselben, der mich in dieser unwirklichen Stunde mit seinen Händen umfangen hielt. Sie und ich – wir standen in der Hut des gleichen Herrn. Kann es eine größere Nähe und eine engere Verbundenheit geben? Der Sieg von Gethsemane erfüllte mich ganz: »Mein Vater, ist es möglich, so gehe dieser Kelch von mir! Doch nicht, wie ich will, sondern wie du willst.«

Unterdes neigte sich nach den langen Stunden unseres Kampfes diese unvergeßliche Nacht, diese grauenvolle und gnadenvolle Nacht ihrem Ende zu. Das matte Licht der ersten Dämmerung hob das reine Weiß des verschneiten Landes mehr und mehr aus dem Dunkel. Der Himmel war klar geworden, und indem die Sterne ihre Leuchtkraft verloren, schenkte er sich, zuerst zaghaft, dann immer bereitwilliger, dem unvergleichlichen Farbenspiel hin, der Ankündigung der aufgehenden Sonne. Mit einem Male stand sie über dem Horizont und überströmte mit ihren Lichtfluten blendend und gleißend, in Abermillionen Kristallen sich spiegelnd, die schneebedeckte Weite. Mein letzter Morgen — wie strahlend war er heraufgestiegen!

Geblendet schloß ich die Augen. Gleichzeitig durchfuhr mich der törichte, ja unsinnige Gedanke, daß ich lieber in der Verborgenheit der Nacht gestorben wäre. Dieser Glanz — und sterben? War ich nicht mehr bereit?

Verwirrt stahl sich mein Blick wieder unter den Lidern hervor. Da sah ich plötzlich etwas, das mir das Blut heiß zum Herzen trieb: nicht allzuweit vor uns eine Reihe schwarzer Rechtecke im Schnee! Es konnte kein Irrtum sein: ein Dorf. Rettung, vorläufige Rettung, wenn keine Russen drin waren! Eine Gnadenfrist?

Mit zitternder Stimme, die vor Erregung fast versagte, rief ich den Kameraden, die mühselig, mit niedergebeugtem Haupte, dahinschlichen, meine Entdeckung zu. Sie rissen die Köpfe empor, legten die Hände über die Augen, starrten angestrengt in die Richtung der unerwarteten Erscheinung. Tatsächlich, es mußte eine kleine Ortschaft sein!

Der Gedanke an vier schützende Wände, an ein Dach über dem Kopf, an Wärme gar elektrisierte sie geradezu, genauso wie mich. Es war mit einemmal wieder Leben da, Stimmen, Blicke, Bewegungen — Menschen! Wir spürten, daß wir mit der Dumpfheit unserer Leiber und unserer Sinne, in unserer teilnahmslosen Vereinzelung den Fuß schon auf die Schwelle gesetzt hatten. Jetzt waren wir jäh zurückgerissen, und es schien, als ob sich die bereits geöffnete Pforte noch einmal vor uns geschlossen hätte.

Die Hauptfrage, die uns bewegte, war natürlich: Sitzt der Russe schon in dem Nest? Da wir uns ziemlich weit von der gefahrdrohenden Bahnstrecke entfernt hatten, bestand immerhin die Möglichkeit, daß er sich zur Besetzung eines so abgelegenen und strategisch völlig unwichtigen Dorfes noch nicht die Zeit genommen hatte. Sollte es dennoch der Fall sein, gab es für uns keinen Ausweg mehr.

Wir beschlossen, auf zwei etwas außerhalb liegende Häuser unser Augenmerk zu richten und das Dorf selbst gar nicht zu betreten. Läusel, dem wieder die herzerfrischendsten Flüche gelangen, erbot sich, die Lage zu erforschen, während wir langsam nachrücken wollten. Wir mußten es wagen. Allzuviel hatten wir sowieso nicht zu verlieren.

Läusel, der anscheinend wenigstens einen Teil seiner Bärenkräfte wiedergefunden hatte, zog verhältnismäßig schnell davon. Wir anderen schleppten uns mühsam vorwärts. Wir sahen, wie er etwa zweihundert Meter vor den Hütten im Schnee verschwand. Nun versuchte er sie wahrscheinlich kriechend zu erreichen. Wir waren aufs äußerste gespannt. Würden wir Schüsse hören oder Geschrei? Würden wir ihn nie wiedersehen, wie so manchen Kameraden, der auf einem Spähtruppunternehmen lautlos überwältigt wurde?

Die Minuten verrannen. Wir waren so sehr von der Erwartung besessen, daß selbst unsere Erschöpfung davon überlagert wurde.

Plötzlich war Läusel wieder da. Wir sahen ihn alle, wie er nicht weit von den Häusern aus einer Vertiefung auftauchte und nach beiden Seiten die Arme schwenkte. Es war das verabredete Zeichen, daß wir herkommen sollten.

So schnell es uns möglich war, arbeiteten wir uns heran.

Als wir Läusels Gesicht erkennen konnten, sahen wir, daß um seinen schmalen Mund ein zufriedenes Lächeln stand. Da wußten wir Bescheid. Er hätte keinen Iwan gesehen; in den Hütten wären nur ein paar Frauen und Kinder, sagte er.

Ohne ein weiteres Wort abzuwarten, tappten wir vorwärts. Die Beine wollten nicht mehr, aber das Leben wollte! Da – die Hauswand aus behauenen Stämmen! Da – der durch einen gestrüppgeflochtenen Windfang geschützte Eingang! Da – die Tür!

Ich stieß sie auf und trat mit dem allerletzten Schritt, dessen ich fähig war, über die Schwelle. Dicke Wärme flutete mir wie brodelnder, heißer Nebel entgegen. Ich sah aufspringende Gestalten. Dann stürzte ich schwer und widerstandslos wie ein Sack Kartoffeln zu Boden – in ein warmes, willenloses, barmherziges Dunkel.

Ich erwachte unter der Berührung einer Hand, die sich auf meine Stirne legte. Sie schien hart und rissig zu sein, eine verarbeitete, aber, wie es mich dünkte, eine gute Hand. Es bereitete mir Mühe, die Augen zu öffnen. Als es mir endlich gelang, sie aufzuschlagen, blickte ich in das Antlitz einer älteren Frau. Das schwarze Kopftuch, das knapp die kräftigen Backenknochen und das runde Kinn umschloß, verstärkte die gesunde braune Farbe der runzligen Haut. Die unwahrscheinlich hellen blauen Augen leuchteten mit einem gesammelten, ruhigen Blick des Erbarmens über mir.

Wenn ich ein Maler wäre, würde ich dieses Altfrauengesicht malen, und wenn mir sein Ausdruck gelänge, brauchte ich nicht einmal das erklärende Wort »Mutter« darunter zu schreiben, so sehr hatte das zeitlos Mütterliche, das aus Glück und Leiden geprägte Siegel göttlichen Erbarmens von diesen Zügen Besitz ergriffen. Solange die Erde steht, wird kein Haß der Männer dieses Siegel auf dem Angesicht zahlloser Mütter in allen Völkern auslöschen können.

Verwirrt richtete ich mich auf. Ich versuchte mich vergebens zu besinnen, wo ich war. Erst als ich umherblickte und Leutnant Scholz und Ede an einem Tische und Männe Schwarz neben mir auf der Strohschütte gewahrte, dem eine andere noch ältere Frau gerade eine Tasse an den Mund setzte, erinnerte ich mich unseres Eintrittes in die rettende Hütte und meines Versinkens in das Dunkel.

Die Frau forderte mich mit ermunternden Gesten auf, mich zu erheben, und zeigte einladend auf den Tisch. Ich sah zwei dampfende Schüsseln und verstand. Gleichzeitig merkte ich, wie der Hunger in meinen Gedärmen wühlte. Obgleich mir alle Glieder weh taten, raffte ich mich eilig auf und setzte mich zu den beiden anderen, die sich schon über das Essen hergemacht hatten.

»Ich habe geschlafen wie ein Toter«, sagte ich, mir eine Kartoffel auf das Taschenmesser spießend.

»Meinste, wir nicht?« erwiderte Ede kauend und griff mit seinem Löffel, den er im Stiefelschaft zu tragen pflegte, in die irdene Schale mit der gedämpften Hirse. »Wir alle! Die Olle hätte uns der Reihe nach mit der Kohlenschaufel totschlagen können, wenn sie eine hätte!«

»Wenn sie gewollt hätte!« sagte Scholz: »Sie hätte uns erschlagen können, erwürgen, in den Schnee schleppen und zuschaufeln, in den Keller werfen. Statt dessen kocht sie ihre letzten Kartoffeln, gibt uns diesen wunderbaren Hirsebrei, hat uns auf Stroh gepackt – nun sagt mir, warum? Warum tat sie das?«

»Weil wir nette Menschen sind, Herr Leutnant«, sagte Ede. »Ich glaube, ich bin ihr Typ.« Ein gutes Essen hatte schon immer seine Stimmung auf lichte Höhen gehoben.

Kein ausgewähltes Festmahl in Friedenszeiten könnte in der Tat köstlicher munden als bei unserem Hunger diese schlichte Gabe der armen Frau.

Aber Scholz gab sich nicht zufrieden. »Nun mal ganz abgesehen davon, daß keine Frau einem Adonis wie Ihnen mit einem so gepflegten Backenbart widerstehen kann, hätte sie es doch nicht zu tun brauchen. Also warum?«

»Aus Angst!« behauptete Ede. »Wir hätten ihnen ja auch schließlich die Bude über dem Kopf anstecken und sie am Spieße braten können!«

»Das ist es ja eben«, sagte Scholz lebhaft, »wir hätten ihnen gar nichts tun können, selbst wenn wir die wüstesten Strolche Mitteleuropas gewesen wären. Wir waren fertig. Sie hätten nur das Dorf zu alarmieren brauchen, als wir schliefen, dann wäre es aus gewesen. Warum sind also die Frauen gut zu uns?«

»Ich will sie fragen, wenn Sie es ganz genau wissen wollen«, antwortete Ede. Er rief die beiden Frauen heran und machte ihnen in seinem drolligen Landserrussisch und mit vielen Gesten die Frage klar.

Die Frau, die mich geweckt hatte, nahm von der Wand unter dem Heiligenwinkel ein Bild und bedeutete uns, daß dieser kräftige Bauernbursch in der Uniform eines russischen Schützen ihr Sohn sei. Sie nehme an, er befinde sich in deutscher Gefangenschaft. Vielleicht sei auch eine Mutter bei uns zu Hause gut zu ihm. Sie bete darum jeden Tag zu unserem gütigen Herrn und Heiland. Und sie zeigte auf ein buntes Bild des guten Hirten in der Ikonenecke. Deshalb die Kartoffeln und die Hirse, das Stroh und die Barmherzigkeit. Sie verstand es ergreifend, ihren Gedankengang deutlich zu machen.

Es machte mich in diesem Augenblick richtig glücklich, daß wir uns bei diesen Worten nicht zu schämen brauchten. Denn in der Tat hatte ich es im letzten Urlaub in den Dörfern meiner Gemeinde auf vielen Höfen und in vielen Handwerksbetrieben selbst erlebt, wie die dort zugewiesenen und teilweise recht heruntergekommenen russischen Gefangenen von den Frauen des Hauses, von den Müttern mit einer wahren Herzensgüte behandelt wurden, trotz des persönlichen Ungemachs, das ihnen dadurch oftmals entstand. Wie oft hörte ich deutsche Frauen sagen: »Es sind doch Menschen! In meinem Hause soll jeder satt werden, ein Bett haben und seine Ordnung. Er hat doch auch eine Mutter daheim, eine Frau, Kinder – nein, da kann man nicht anders.«

Was für ein Wunder der Barmherzigkeit Gottes ist doch diese stille, unorganisierte Solidarität der Mütter in aller Welt! Sie wissen aus der Tiefe, wie schwer und mit welchen Ängsten und Schmerzen die Söhne in das Leben hineingeboren werden, während die Männer nur wissen, wie leicht diese Söhne zu töten sind.

Ob die Welt nicht anders sein könnte, wenn ihr Pendel vom Herzschlag der Mütter bewegt würde? Ob sie nicht näher bei Gott wäre, so wie die Mutter Jesu still unter dem Kreuz verharrte, wiewohl ihr das Schwert des Schmerzes mitten durch das Herz fuhr? Die Männer machen Geschichte, aber sie ist mit Blut geschrieben: Kriege, Sklaverei, Vertreibungen, Heere von Verstümmelten und Toten sind ihre Taten. Auch das Buch der Mütter ist mit Blut geschrieben, aber mit dem Blut ihres eigenen Herzens, und wenn wir es endlich lesen wollten als das Buch der eigentlichen Geschichte dieser Welt, würden wir auf jeder Seite die gleichen Taten finden: Güte und Barmherzigkeit.

Ich erzählte mit viel Umstand und Mühe von dem, was ich bei den Müttern zu Hause gesehen hatte. Aber die beiden Alten verstanden mich sogleich und strahlten. Immer von neuem nötigten sie uns zu essen. Als wir aber endlich gesättigt waren, wiesen sie mit sorgenvollen Gesichtern auf Männe Schwarz, der wieder eingeschlafen war.

Unruhig wälzte er sich auf seinem Strohlager hin und her. In seinem Gesicht standen rote Flecken. Die erlebten Ängste schienen seine Träume zu beschatten, denn er fuhr empor und schrie auf, fiel dann wieder zurück und murmelte beschwörend oder besänftigend: »Befiehl du deine Wege und was dein Herze kränkt . . .«

Die Frauen hatten ihm schon einen Becher voll Tee eingeflößt, von dem sie behaupteten, er würde das Fieber mildern. Ich gab ihm noch ein paar Aspirintabletten, die er halbwach herunterschluckte. Der Verband saß noch gut. Wir wagten nicht, ihn zu erneuern. Was sollte mit ihm werden?

Ede, der wieder halbwegs frisch war, erbot sich, mit Oberleutnant Gernoth zu sprechen, der mit den anderen in der benachbarten Hütte hauste, und dann zu versuchen, wieder einen Schlitten aufzutreiben. Aber schon der Gedanke, beim Weitermarsch einen Schlitten ziehen zu müssen, konnte mutlos machen. Alle Glieder waren völlig versteift und schmerzten bei jeder Bewegung.

Scholz und ich setzten uns abermals auf die Bank am Tisch und zündeten uns, um nicht gleich wieder einzuschlafen, eine von unseren guten Zigarren aus dem Omnibus in K. an.

»Als ob nichts wäre!« sagte Scholz und ließ den Rauch des würzigen Krautes genießerisch über die Lippen ringeln. »Wenn man nicht wieder los müßte und nicht wüßte, daß wir in zwei oder in vier Stunden oder morgen wieder genauso weit wären, wie wir alle heute morgen waren, man könnte hier doch wunschlos glücklich sein, nicht wahr?«

»Sicherlich«, räumte ich ein, »der Mensch, der das Nichts erfahren hat, kann außerordentlich anspruchslos und mit wenigem zufrieden sein. Aber wie lange! In drei Tagen regt sich die Unruhe, in drei Wochen hält er es nicht mehr aus vor Langeweile und Tatendurst, in drei Monaten braucht er je nach Veranlagung eine große Arbeit oder einen kleinen Krach oder vielleicht auch beides, in drei Jahren will er die Welt umreißen. Das alte und immer neue Spiel. Und eines Tages fällt ihm der Turm von Babel abermals auf das hocherhobene Haupt. Dann ist er aufs äußerste erstaunt und fragt verbittert: Wie kann Gott das zulassen!«

Das bißchen Behagen, das ein Rohrdach und vier Wände, Wärme und Zigarrenqualm schufen und seinen eigentlichen Grund darin hatte, daß wir zufällig einmal nicht unmittelbar bedroht waren, machte Scholz zugänglich.

»Ich glaube schon, daß Sie recht haben«, sagte er, »aber was nützt diese Erkenntnis? War das nicht schon immer so? Kann der Mensch aus seiner Haut?«

»Nein, er kann nicht und will nicht, es sei denn, sie wird ihm ab und zu einmal über die Ohren gezogen!« erwiderte ich.

»Sie meinen, wie es uns in diesen Tagen geschieht. Die Haut über die Ohren gezogen, daß das bloße, zuckende Herz sichtbar wird und beispielsweise der hartgesottene Leutnant Scholz, der von Gott nichts wissen will, in tiefer Nacht in Eis und Schnee liegt und unverdientermaßen das Abendmahl empfängt – und damit neue Kraft zum Leben.«

»Genau das meine ich. Aber ich frage mich, ob diese Erfahrung des letzten Ausgeliefertseins und der neuen Geborgenheit ein Zeichen in das Herz brennt oder ob sie sich spurlos im Gewirr des Lebens verliert«, sagte ich.

»Sie denken, das könnte man vergessen?« fragte Scholz, fast aufgebracht. »Man könnte weiterleben wie früher, als ob nichts gewesen wäre?!«

»Ach, Sie wissen noch nicht, wie vergeßlich der Mensch ist! Ich bin mir noch nicht einmal sicher, ob wir uns überhaupt erinnern wollen. Ob wir uns der Stunden nicht schämen, da wir so nackt und bloß, ohne das imponierende Kleid unserer Sicherheit, vor Gott standen.«

»Ich werde es niemals vergessen, und ich werde mich auch niemals schämen, das könnte ich Ihnen schwören«, sagte Scholz leidenschaftlich.

»Tun Sie es nicht! Schwören Sie nicht!« antwortete ich. »Der Jünger Petrus, der Jesus Treue bis in den Tod geschworen hatte, schrie in der Stunde der Gefahr: Ich kenne den Menschen nicht!«

»Na, und? Wie bestrafte ihn Jesus?«

»Indem er ihm vergab und ihn in seiner tiefsten Demütigung mit unversiegbarer Glaubenskraft beschenkte und ihn zum Felsen machte, auf dem die erste Gemeinde erstand.«

»Das ist paradox! Das verstehe ich nicht!«

»Das ist auch schwer zu verstehen. Aber sehen Sie nicht ein, daß diese Paradoxie unsere einzige Hoffnung ist? Daß es

Gott gefallen kann, gerade uns vergeßlichen und undankbaren Menschen von heute nicht zu verwerfen und mit uns sein Reich zu bauen? Daß gerade wir in unserer Angst dazu ausersehen sein können, die Angst der Welt zu bannen? Aber wir reden, als hätten wir es schon geschafft und als wären wir gerettet und zu Hause.«

»Nachdem ich nun erfahren habe, wie Gott hilft und unsere Gebete erhört«, sagte Scholz leise, »habe ich das Gefühl, als kämen wir durch und könnte uns gar nichts passieren.«

Ich zögerte und wußte nicht recht, was ich darauf erwidern sollte. Dieses Vertrauen des jungen Menschen, den Gott offensichtlich angerührt hatte, wird auch manchem erfahrenen Christen vollkommen erscheinen. Aber hielt es der Prüfung an der letzten Wirklichkeit stand?

»Ich weiß nicht recht«, sagte ich tastend, »ob man es so ausdrücken darf. Ich finde es wunderbar, daß Sie so weit gekommen sind. Aber müßte man nicht noch einen Schritt weitergehen? Sehen Sie, unser Glaube ist keine Lebensversicherung, wenigstens nicht im Sinne vordergründigen, natürlichen Lebens. Wissen wir denn, was für ein Schicksal auf uns wartet? Durchkommen? Tod? Gefangenschaft? Unser Glaube müßte so stark sein, daß wir uns in Gottes Händen wissen, auch wenn etwas mit uns passiert. So wie sich der Apostel Paulus in seinem ständig gefährdeten Leben geborgen wußte, wenn er im Römerbrief sagt: ›Wer will uns scheiden von der Liebe Gottes? Trübsal oder Angst oder Verfolgung oder Hunger oder Blöße oder Fährlichkeit oder Schwert?‹«

»Ja, das Wort paßt für uns . . .«, sagte Scholz.

»Hören Sie zu, es geht noch weiter: ›Denn ich bin gewiß, daß weder Tod noch Leben, weder Engel noch Fürstentümer noch Gewalten, weder Gegenwärtiges noch Zukünftiges, weder Hohes noch Tiefes noch keine andere Kreatur mag uns scheiden von der Liebe Gottes, die in Christus Jesus ist, unserem Herrn!‹«

»Ja«, sagte Scholz, »das ist noch mehr, als nur zu glauben,

uns passierte nichts. Das ist der letzte Grad der Geborgenheit, die ein Mensch erreichen kann. Ob ich je so weit komme?«

»Auch das ist ein Geschenk . . .«

»Und wer bekommt es?«

»Paulus hat wohl viel gebetet . . .«

»Ja, so, gebetet«, murmelte Scholz, »das ist also der Weg . . .« Und er verfiel in ein langes und tiefes Schweigen. Er hatte den Kopf in beide Hände gestützt, so daß man sein Gesicht nicht erkennen konnte. Er saß unbeweglich. Die Zigarre war ihm ausgegangen.

Auch ich gab mich der Ruhe hin. Die Wärme lag schwer und wohlig über mir. Die beiden Frauen hatten sich, nachdem sie Männe zu essen gegeben hatten, auf den Ofen zurückgezogen. Es war ganz still im Raum. Selbst Männe schlief nun mit ruhigen, tiefen Atemzügen. Ich beschloß, wach zu bleiben, um diese unwirkliche Stunde des Friedens mit allen Fasern meines Wesens zu genießen. Es dauerte jedoch nicht lange, da döste auch ich ein. Die Stille aber beschenkte mich mit guten Träumen.

Wie lange sie mich in ihr Reich entführten, weiß ich nicht. Ich erwachte vom schnellen Öffnen der Tür. Auch Scholz fuhr auf. Es war Oberleutnant Gernoth. Er sah abgespannt aus, behauptete aber, es ginge ihm wesentlich besser. Das war eine gute Nachricht, denn solch ein Ruhranfall wirft sonst einen an sich bereits geschwächten Menschen in ein paar Stunden um.

Er war aber nicht zu uns herübergekommen, um über seinen Gesundheitszustand zu plaudern, sondern um uns eine höchst bedenkliche Kunde zu überbringen: es wären russische Truppen ins Dorf eingezogen, ein kleiner Troß anscheinend, der am anderen Ende des Dorfes Quartier belegt hätte. Ede hätte das festgestellt und sogleich gemeldet. Er wäre aber nochmal losgegangen, um Genaueres zu erkunden. Daß die Russen nicht das ganze Dorf durchgeprüft hätten, läge wahrscheinlich darin begründet, daß ihnen die Bewohner versichert hätten, die Deutschen wären längst weg.

Wir regten uns nicht sonderlich auf. Auch Gernoth war ganz ruhig. Aber um die Gemütlichkeit war es doch geschehen. Ohren und Augen begannen wieder angespannt zu arbeiten. Alles, was wir wegen unserer übergroßen Erschöpfung versäumt hatten und sich jetzt eigentlich als grobe Unachtsamkeit darstellte, bewegte uns nun wieder. Es wurde beobachtet, gehorcht und beraten.

Wir erwogen einige Möglichkeiten. Einfach jetzt abzuziehen, war wegen der Übersichtlichkeit des Geländes zu gefährlich. Da wäre es schon besser, die russischen Troßleute mit großer Schießerei anzugreifen, worauf sie todsicher erstmal getürmt wären, um dann in der Überraschung und Verwirrung selbst das Weite zu suchen. Das schlug Leutnant Scholz vor.

Wenn sich die Russen aber als beherzter erwiesen, als Trosse gemeinhin sind, und uns in der Gegenwehr festnagelten – was dann? gab Gernoth zu bedenken. Nein, dafür war auch ich nicht. So etwas muß mit Elan geschehen. Aber gerade der fehlte uns. »Wenn die Rechnung nicht genau aufgeht, sind wir geliefert!« sagte ich.

Es blieb uns nichts weiter übrig, als noch die Stunde bis zur Dunkelheit zu warten, die Zivilisten aus unseren Hütten nicht ins Dorf zu lassen und darauf zu hoffen, daß nicht noch weitere russische Truppen hereinkämen oder sämtliche Häuser durchsucht würden. Sowie der Abend dunkel genug war, mußte der Aufbruch versucht werden. Dabei war einzukalkulieren, daß die Russen bis dahin notgedrungen Sicherheitsmaßnahmen treffen würden.

Wenn wir kein ganz großes Pech hätten, müßte es jedoch eigentlich klappen, meinte auch Männe, der wieder bei klarem Bewußtsein war. Immerhin war es ein unbehagliches Warten.

Nach kurzer Zeit kam Ede von seiner waghalsigen Erkundung zurück. Er bestätigte seine ersten Wahrnehmungen, aber auch unsere Vermutung, daß der Russe Streifen gehen lassen würde.

Und es dauerte in der Tat nicht lange, bis der erste Doppelposten an unseren Fenstern vorüberzog und bald auf dem Rückweg abermals vorbeischlenderte. Sollte es den beiden einfallen, aus irgendeinem Grunde in eines dieser zwei alleinliegenden Häuser einzutreten, konnte die Situation für sie ebenso gefährlich werden wie für uns selbst. Aber anscheinend waren sie weder auf eine warme Stube noch auf einen kleinen Schwatz mit den Frauen begierig, denn sie warfen kaum einen Blick zur Seite. Trotz unserer Erleichterung erwarteten wir dennoch genau wie gestern abend das Hereinbrechen der Dunkelheit mit sehnsüchtiger Unruhe.

Aber wenigstens beharrten in dieser aus den Angeln gehobenen Welt die Gestirne in der Ordnung ihrer vorgeschriebenen Bahn. Weit im Westen versank die Sonne hinter dem Ozean, und die kalte, glitzernde Pracht der Sterne trat ihre abendliche Herrschaft an. Und wieder war die Stunde der Finsternis unsere Stunde.

Wir standen zum Abmarsch bereit. Nur Männe war wieder eingeschlafen. Ich glaube, jedem von uns drei anderen kroch in diesem Augenblick die Schlange der Versuchung ans Herz, ohne daß wir ein Wort darüber sprachen. Wäre er nicht besser aufgehoben, wenn wir ihn hier in der Wärme, in der Obhut der guten Frauen zurückließen? Würde er, heruntergekommen wie er war, noch einmal solch mörderische Strapaze in Kälte und Schnee aushalten? Würden wir ihn in unserer Schwäche den ganzen ungewissen Marsch mitschleppen können, ohne uns zu gefährden und ohne uns in die schreckliche Lage zu bringen, ihn irgendwo liegenlassen zu müssen?

Da fiel mir ein, wie Gott uns bisher durchgeholfen hatte und wie Männe ganz ausgefüllt war von dem trostvollen Gedanken, daß der Herr, der Wolken, Luft und Winden gibt Wege, Lauf und Bahn, auch ihn einen Weg finden lassen würde. Hatten wir ihm in dem brennenden K. unser Wort gegeben, um ihn hier heimlich im Schlafe zu verlassen? Sein Erwachen – nicht auszudenken!

»Wir müssen ihn aber mitnehmen!« sagte ich mit einer Stimme, die das schlechte Gewissen unsicher machte.

»Selbstverständlich! Klar!« antwortete Scholz rasch, viel zu rasch, um nicht ahnen zu lassen, daß auch er ähnliche Gedanken erwogen hatte.

Und als Ede mit der erstaunlichen Mitteilung herauskam: »Ich habe ein Pferd für ihn!«, war es offensichtlich, daß auch ihn bestimmte Gründe gehindert haben mußten, uns eher davon zu erzählen.

Nun war aber alles wieder in Ordnung. Wir waren dessen froh.

Ehe wir abrücken konnten, wurden erst noch einmal unsere Nerven auf eine kurze, aber erregende Probe gestellt. Den beiden russischen Posten fiel es nämlich ein, bei einem abermaligen Rundgang, sich im Windschutz unserer Hütten, die wohl die Grenze ihres Wachbereiches darstellten, zu einem wortreichen Gespräch aufzubauen. Gespannt standen wir hinter dem Fenster. Wir sahen undeutlich, daß sie sich eine Zigarette drehten. Sowohl wegen des Feuerscheines als auch wegen des Zuges war es unmöglich, sie draußen anzuzünden. Einer von ihnen trat auf unsere Tür zu. Wir vernahmen seine Schritte im Windfang. Leutnant Scholz und Ede standen, zu allem bereit, hinter der Tür. Da hörten wir zu unserer unsäglichen Erleichterung, wie die Schritte sich wieder entfernten. Der Windfang hatte wohl die erforderliche Deckung gewährt. Langsam bewegten sich die beiden in der Richtung des Dorfes fort.

Wir sahen, wie sich vom Nebenhause eine Gestalt löste und den beiden Russen folgte. Es war der Figur nach unser Läusel, der wohl erforschen sollte, wo die beiden blieben.

In aller Ruhe machten wir uns fertig, denn ein paar Minuten mußten wir auf jeden Fall noch warten. Männe, den wir erst jetzt geweckt hatten, schien frischer zu sein. Mit herzlichem Dank verabschiedeten wir uns von den beiden alten Frauen, die sich natürlich, seit die russischen Soldaten im Dorf waren, äußerst beunruhigt gezeigt hatten und die nun heilfroh waren, daß wir aufbrachen. Ihrer Verschwiegenheit konnten wir sicher sein, da sie eine so verspätete Meldung peinlichen Ungelegenheiten hätte aussetzen können.

Noch ehe Läusel zurückkam und meldete, daß die Luft rein wäre, tauchte Ede im Dunkel des Abends unter und kehrte bald darauf tatsächlich mit einem jener wunderbar zähen Panjepferdchen zurück, das er einsam und verlassen im Heu einer Feldscheune entdeckt zu haben behauptete.

Eine zusammengefaltete Decke ersetzte den Sattel, ein Strick diente als Zaumzeug. Männe wurde hinaufgehoben. Ede nahm das geduldige Tier am Kopf, und einige Minuten später war die Hütte der barmherzigen Mütter schon in einer anderen Welt versunken. Uns aber umfing abermals die eisige, sternklare Nacht mit der endlosen Weite des Schnees, mit dem wilden Sturm und dem wartenden Tod.

Ohne Angst

Nicht noch einmal soll der verzweifelte Kampf um jeden Schritt durch eine solche Nacht geschildert werden. Es wurde wieder ein Wandern auf dem Grat zwischen Leben und Tod. Der Sturm trieb Wolken von Schnee über die Steppe. Die Temperatur mochte zwischen dreißig und vierzig Grad liegen. Wir mußten, ob es nun Gefahren mit sich brachte oder nicht, den Schutz des Bahndammes wiedergewinnen, weil sonst alles völlig hoffnungslos gewesen wäre. Wir fanden ihn auch tatsächlich und schleppten uns in seiner dürftigen Deckung mühsam gen Westen.

In dieser Nacht verloren wir aus unserem Häuflein drei gute Kameraden. Zuerst fielen bei einem Feuerüberfall aus dem Dunkel unser tapferer Läusel und der kleine Müller. Es war weder festzustellen, wer schoß, noch woher die Schüsse kamen. Wir sahen keinen Menschen. Ein Angriff erfolgte nicht. Ehe wir noch das Mündungsfeuer ausmachen konnten, war alles wieder still. Vielleicht war es eine kleine, auf der Lauer liegende Gruppe von Partisanen gewesen. Beide waren sofort tot. Noch bevor sie erkaltet waren, breitete der Treibschnee sein kühles Leichentuch über sie.

Dann starb uns Oberleutnant Gernoth unter den Händen. Ein neuer Ruhranfall riß ihn nieder. Ihn mitzuschleppen, gelang nur immer für eine kurze Strecke, dann zwang es ihn wieder in den Schnee. Männe kroch von seinem Pferdchen herab, und wir banden Gernoth darauf fest.

Nach einer Stunde aber brach das kleine tapfere Tier unter der Last des schweren Körpers in die Knie und war nicht wieder hochzukriegen. Ede gab ihm den Gnadenschuß. Wieder schleppten wir unseren Alten, der kaum noch bei Besinnung war, ein Stück vorwärts, obgleich es – das sagten wir uns mit Schrecken – auf längere Sicht ein unmögliches Beginnen war. Doch plötzlich stürzte er in einer tiefen Ohnmacht zusammen und wachte nicht wieder auf.

Wir nahmen auch seine Papiere an uns. Schon während ich ein kurzes Gebet sprach, schmolzen die Schneekristalle nicht mehr, die sich in seinen Augenhöhlen sammelten. Und abermals vergrößerte sich das vergeblich auf die Heimkehr der Väter wartende Heer der Kinder um fünf. Ach, trostlose Welt!

Mühsam kämpften wir uns weiter durch die Nacht. Jeden von uns erfüllte die Frage: Wann du ...?

Aber uns Übriggebliebenen war es bestimmt, uns noch einmal die müden Augen blenden zu lassen vom Prunk der aufgehenden Sonne.

Obgleich sie uns keine Erwärmung brachte, belebte uns doch ihr Licht wie ein anregender Trunk. Aber diese Belebung erreichte dennoch nicht mehr, als daß sie uns unsere dumpfe Bedrücktheit in eine lebendige Trauer verwandelte: Läusel und der kleine Müller – waren sie uns in guten und bösen Jahren, in Not und Gefahr nicht nähergekommen als Brüder? Und Oberleutnant Gernoth – nicht auszudenken, daß wir künftighin ohne sein entscheidendes Wort zurechtkommen sollten. Es konnte uns noch so dreckig ergangen, unsere Ratlosigkeit konnte noch so groß gewesen sein, wir hatten fragend auf ihn geschaut, und er wußte Rat. Bei ihm war der Befehl nie die Freude an seiner Macht, sondern stets Hilfe aus seiner Verantwortung gewesen. Er hatte es sich wahrhaftig nicht leicht gemacht, wie so viele in seiner Stellung, im Gegenteil, ich bin überzeugt davon, daß er sich die Vollmacht seiner Entscheidungen über Leben und Tod der Seinen immer von Gott neu erbetet hatte, obgleich er – ein Mann von auffallender gefühlsmäßiger Verschlossenheit – kaum jemals darüber sprach.

Sachlich am härtesten lastete sein Verlust auf unserem jungen Leutnant Scholz. Denn er, der selbst so sehr der Führung bedurfte, sollte nun führen und entscheiden, und zwar, wie es sich bald herausstellte, beinahe wieder in einer richtigen menschlichen und militärischen Verantwortung.

Denn nach einer Stunde weiteren Marsches gelangten wir abermals in ein Dorf, in dem wir überraschend eine Schar versprengter Landser antrafen, die ein Unteroffizier notdürftig zusammengefaßt hatte. Es waren wohl gegen dreißig Mann. Sie waren gerade im Begriff abzumarschieren, fühlten sich aber unsicher, da sie weder eine Karte noch einen Kompaß mit sich führten. So zeigten sie sich erfreut, daß sie sich einem Offizier unterstellen konnten, denn damit verringerte sich für sie die bei solchen Gelegenheiten immer drohende Gefahr, später bei irgendwelchen deutschen Auffangstellen als fahnenflüchtig gebrandmarkt zu werden. Die Bereitwilligkeit offenbarte sich allerdings erst, als sie feststellten, daß Scholz nicht die Absicht hatte, eine der berüchtigten Alarmeinheiten zusammenzustellen und den Ort gegen eventuelle russische Angriffe zu halten, wie es wohl einem an das ganze Heer erlassenen grundsätzlichen Befehl entsprochen hätte.

Das für uns Erstaunlichste, was wir von ihnen hörten, war ihre Meinung, daß wir wahrscheinlich nicht mehr im Kessel säßen, sondern daß die vom Dorf nach Westen führende Nebenstraße noch offen wäre. Rechts und links neben uns wäre der Russe zwar schon weit vorgedrungen, aber gerade hier hätte sich, wahrscheinlich infolge des allzu schnellen Vormarsches, ein Schlauch gebildet, durch den ein Entweichen möglich sein könnte. In der letzten Nacht wären zwar ein paar russische Panzer hier gewesen, hätten sich aber nach kurzer Schießerei wieder zurückgezogen.

»Kerls, ihr macht mich verrückt!« sagte Ede aus tiefstem Herzen. Wenn diese Darstellung stimmte, mußten wir auf unserer nächtlichen Wanderung über die weglose Steppe den Ring irgendwo überschritten haben. Wir wurden heiß vor Erregung. Bedeutete das Rettung, jetzt noch, da wir alle Hoffnung hatten fahrenlassen? Wie schmerzlich aber waren gerade dann die Verluste, die wir zuletzt noch erlitten hatten!

»Wir haben Beweise, Herr Leutnant!« spielte der fremde Unteroffizier seinen Trumpf aus, und aller Augen strahlten in der Freude, die es macht, Verzweifelten eine gute Botschaft zu übermitteln.

Und alle redeten durcheinander auf uns ein: noch heute morgen sei ein Sanka von den deutschen Linien hergeschickt, um die Straße entlang Verwundete zu bergen. Wir sollten nur mit den Sanitätern sprechen. Sie verbänden gerade. Und im Triumph wurden wir durchs Dorf geführt, an dessen Ausgang tatsächlich – wir trauten unseren Augen nicht – vor dem letzten Hause einer der geländegängigen Sanitätskraftwagen stand.

Scholz fragte den Sanitätsunteroffizier aus. Er sprach so langsam, daß es beinahe lächerlich klang. Aber wie gut verstand ich den Zwang, den er sich antun mußte, um die Worte sich nicht überschlagen zu lassen oder in ein haltloses Schluchzen auszubrechen. Ich glaube, es würgte uns allen, die wir aus dem Bannkreis des Todes kamen, in der Kehle.

Und wieder klang, was wir hörten, uns wie ein Märchen: etwa zwanzig Kilometer von hier habe man eine deutsche Auffangstellung aufgebaut, einen Riegel, zwar trostlos schwach für den Ernstfall, aber immerhin mit ein paar Panzern und einigen 8,8-cm-Geschützen auf Selbstfahrlafette und allerhand Infanterie; natürlich müsse man weg, solange das Loch im Westen noch offen sei, aber bis zum Nachmittag werde man sich wohl halten und alle Versprengten sammeln können. Vor zwei Stunden, als er losgeschickt sei, Verwundete aufzusammeln, sei die Straße noch frei gewesen. Die Verwundeten, die er gefunden habe und die noch nicht erfroren waren, seien von Partisanen niedergemacht worden. Aber von denen habe er jetzt auch nichts mehr gesehen. Er wolle sofort zurückfahren, denn sie seien mit Verbinden fertig, und der Wagen sei gerappelt voll.

»Einer muß noch rein!« sagte Scholz entschieden.

»Ich habe vierzehn Mann drin, Herr Leutnant! Der Karren ist völlig überladen! Aber natürlich, wenn ...«

»Mensch, wir haben ihn von K. aus bis hierher mitgeschleppt! Soll das umsonst gewesen sein? Zwanzig Kilometer Gewaltmarsch macht er nicht mehr, und wir sind auch fertig!«

»Gut, es muß gehen!«

Männe war vor Schwäche an der Hauswand hinabgerutscht. Sein vom Fieber und den Strapazen abgezehrtes Gesicht brannte vor Spannung. Er merkte sicherlich gar nicht, daß aus seinen weitgeöffneten Augen unaufhaltsam Tränen rannen und in dem wüsten Bart gefroren. Alle blickten nach ihm hin, als die Rede von ihm war. Alle wandten die Augen ab, als sie ihn weinen sahen.

»Los, komm, Kamerad! Rin in die Mühle!« Und der Wagen wurde noch einmal geöffnet, so vorsichtig, daß die Sanitäter die herausquellenden Körper der Verwundeten gleich wieder hineinschieben konnten.

Ich richtete Männe auf. »Komm«, sagte ich, »du bist gerettet.«

»Mensch, Martin«, flüsterte er, »daß ihr das getan habt! Daß Er das getan hat – einen Weg finden lassen – für meinen Fuß ...«

Die Sanitäter hatten noch einen winzigen Platz unmittelbar neben der Tür freigemacht. Männe wurde hineingehoben und die Tür wieder mit Sorgfalt geschlossen. Der Motor sprang an. Sanft schaukelnd fuhr der Wagen auf der glattgefahrenen Straße davon. Gott möge ihn vor allen Gefahren bewahren! Dann war Männe gerettet. Und in der Tat ist seine Schulterwunde im Lazarett später gut geheilt, und da der Arm gelähmt blieb, hat er nicht einmal wieder hinaus müssen.

»Hätten Sie das für möglich gehalten, Farnholt?« fragte Scholz ganz glücklich, als der Sanka hinter einer Kurve verschwunden war. »Stellen Sie sich doch nur vor, wir hätten ihn vor der brennenden Bude in K. liegenlassen ...!«

Wie gern hätten wir uns ausgeruht, und wenn es nur eine Stunde gewesen wäre! Aber wir durften noch nicht einmal mehr eine Minute verlieren. Scholz teilte die Häuflein in drei Gruppen ein. An Waffen hatten wir nur Maschinenpistolen und Karabiner.

Trotz unserer völligen Erschöpfung, die nach theoretischer Berechnung überhaupt keine Leistung unserer strapazierten Körper zugelassen haben würde, hielten wir das angeschlagene Tempo erstaunlich gut durch. Das Ziel, das es mit einem Male wieder für uns gab und das für uns die Rettung bedeuten konnte, zog uns mit geradezu magnetischer Gewalt an. Überdies marschierte es sich in den Fahrrinnen der Straße trotz der Glätte gegenüber dem, was wir gewohnt waren, verhältnismäßig leicht.

Ede war natürlich wieder obenauf. Er verstieg sich so weit, das bestgehaßte Lied »Wie schön ist es, Soldat zu sein«, anzustimmen, und freute sich diebisch, als sich eine Flut von Grimm und Hohn über sein loses Mundwerk ergoß. Dann entdeckte er einen, der auch vom Theater war, einen blutjungen Schauspielereleven, und erzählte dem staunenden Jüngling mit einem Stimmaufwand, der auch entferntere Zuhörer berücksichtigte, von seiner eigenen Bühnenlaufbahn. Es blitzte nur so von glanzvollen Aufführungen in Berlin, Dresden und Wien, von Premierenfeiern, die Tage und Nächte dauerten, und schließlich fiel auch der klingende Name seiner Herzensdame, das Stichwort für die Liebesgeschichte auf der Bühne, im Prater und im Café am Ring. O Wonne: die meisten kannten sie nicht. Selbst für uns Eingeweihte ergaben sich einige bis dato unbekannte Nuancen. Jedenfalls stand fest, daß es die Theaterwelt von Wien zu schätzen wußte, Zeuge dieses romantischen Liebesglücks gewesen zu sein.

Ach, Ede, alter Kamerad, ich habe nie wieder einen Menschen so herrlich spinnen hören, wie du es konntest! Niemals war es uns lästig, sondern immer war es eine kleine nette, menschliche Hilfe, sozusagen ein bunter Luftballon, den du steigen ließest und dem wir nachschauten wie Kinder, die darüber die Sorgen um die Schularbeiten vergessen. Manchmal hatte ich dich sogar im Verdacht, du wüßtest um deine Gabe des Frohsinns und ließest sie gerade dann aufleuchten, wenn Mißmut oder Langeweile für uns eine Schwächung bedeutet hätten. Und konntest doch stets in so wunderbarem Takte schweigen, wenn du spürtest, daß deine kleinen Hilfen ein Hindernis hätten werden können für die eine große Hilfe, der du dich selbst so bedürftig fühltest.

Auch heute half uns sein munteres Geplauder auf dem ersten Stück der Wegstrecke über manchen Anfall der in uns aufsteigenden lähmenden Müdigkeit hinweg. Dann aber übernahmen die Ereignisse selbst wieder seine Rolle.

Wir waren gut vorwärts gekommen und hatten wohl ziemlich zehn Kilometer geschafft, als plötzlich rechts von uns, in etwa tausend Meter Entfernung, vier Panzer gesichtet wurden, die — entgegen unserer Marschrichtung — am Bahndamm entlangfuhren. Da sie einen weißen Tarnanstrich hatten, waren sie schlecht zu erkennen. Sie ratterten an uns vorüber, wendeten mit einem Male und fuhren den gleichen Weg zurück. Als sie wieder mit uns auf gleicher Höhe waren, verlangsamten sie in auffälliger Weise ihre Geschwindigkeit und blieben nun, ohne näher zu kommen oder von uns Notiz zu nehmen, neben uns.

Da sie uns mit ihren Sehgeräten wahrgenommen haben mußten, wir aber auf keinen Fall weder die Straße verlassen noch liegenbleiben wollten, marschierten wir unentwegt weiter. Sie machten keinerlei Anstalten, uns anzugreifen, und als eine gute halbe Stunde vergangen war und sie sich immer noch im gleichen Abstand neben uns hielten, hatte sich nach dem ersten Schrecken und Rätselraten bei uns die Überzeugung durchgesetzt, daß es sich wohl um die deutschen Panzer handeln müsse, von denen die Rede gewesen war und die wohl ausgefahren waren, um unsere Straße gegen überraschende Angriffe abzuschirmen, denn nicht allzuweit hinter dem Bahndamm mußte ja nach unserer Berechnung die große von den Russen beherrschte Rollbahn nach dem Westen verlaufen.

Deutsche Panzer! Wie lange hatten wir keine gesehen! Ein kaum mehr gekanntes Gefühl der Sicherheit ergriff uns. Viele wurden richtig übermütig. In ihrem Schutz müßte uns das letzte Stück auch noch gelingen. Scholz und ich wechselten eine Bemerkung leisen Zweifels. Aber nein – die schweren Erlebnisse hatten uns pessimistisch gemacht! Warum sollten wir nicht auch mal Glück haben? Von neuen Kräften beseelt marschierten wir unsere Straße.

»Wenn jetzt mit einem Male alles gut gehen sollte und wir tatsächlich rauskommen«, sagte Schloz nachdenklich, »sind wir sicherlich bereit, Gott für die wunderbare Rettung zu danken. Aber müßte man nicht gleichzeitig die Frage stellen: Warum gerade Sie und ich? Warum nicht Gernoth und Lüpke und Läusel?«

»Nein«, erwiderte ich, »die Frage müßte man nicht stellen, meine ich, es sei denn, wir beiden dächten, wir seien um besonderer Verdienste willen gerettet. Aber das denken wir doch nicht! Wir wissen doch, wer wir sind, nicht wahr? Ton in des Töpfers Hand. Wenn wir es wirklich ganz ernst und tief glauben, daß wir im Leben und Tode in Gottes Händen geborgen sind – inwiefern hat sich dann vor Gottes Angesicht unsere Situation gegenüber der von Gernoth und Lüpke und den anderen entscheidend geändert?«

Scholz blickte mich mißbilligend an. »Sie sind tot, und wir leben! Ist es nicht doch nur Theorie, wenn Sie so tun, als bedeute dieser Unterschied nichts? Warum rennen Sie denn so? Warum kämpfen Sie mit jedem Schritt und jedem Atemzug um Ihr bißchen Leben?«

»Natürlich möchte ich leben! Wir sind ja keine Fatalisten oder Selbstmörder! Aber leben nicht Unzählige in dieser Welt in größter Sicherheit und sind doch vor Gott tot? Und wissen wir nicht aus dem Glauben, daß viele Tote ganz gewiß in der

Gemeinschaft Gottes leben? Man ist eben jeden Augenblick in den Tod gefordert, ganz für sich, unvertretbar und unverwechselbar, genau wie uns unser Leben unvertretbar und unverwechselbar geschenkt ist. Gernoth hat gewußt, daß man so leben muß, als ob man jeden Augenblick sterben müßte!«

»Wo bleibt dann aber die Gestaltung dieser Welt? Ist das nicht die so oft zitierte Flucht der Christen in das Jenseits?«

»War Gernoth nicht ein Mann, der trotzdem mit beiden Beinen im Diesseits stand? Das Leben sollen wir nicht weniger ernst nehmen als den Tod. Luther hat das einmal anschaulich ausgedrückt, dieses ›Bürgersein in zwei Welten‹. Er sagt etwa so: Und wenn ich wüßte, daß morgen die Welt unterginge, würde ich doch heute noch mein Apfelbäumchen pflanzen.«

Scholz zögerte eine Weile mit der Antwort. Dann sagte er leise: »Ja, das ist wohl doch wahr! Selbst wenn wir — wonach es gar nicht aussieht — wieder in eine gewisse äußere Sicherheit zurückkehren dürften, sollte man sich nicht auf eine andere Art gesichert fühlen wie in jener schrecklichen Nacht, in der uns das Abendmahl am Bahndamm eine völlig neue Geborgenheit schenkte. Da waren wir in der Todesgefahr ganz nahe bei Gott. Das hätte ich nie für möglich gehalten. Man müßte beten, daß es bleibt ...«

Unterdes war die Wintersonne hochgestiegen, und während sie in der Weite um uns her den Schnee in Millionen Kristallen aufblitzen ließ, brachte sie uns trotz der eisigen Luft in Schweiß. Wir ließen die in uns lauernde Erschöpfung nicht aufkommen, sondern strebten in ungemindertem Tempo unserem rettenden Ziele zu. Dabei kamen wir einem langsamer marschierenden Trupp vor uns immer näher. Die neuen Kameraden beruhigten uns mit dem Hinweis, daß es sich um eine Versprengtengruppe handelte, die unter Führung eines Oberzahlmeisters kurze Zeit vor uns aus dem letzten Dorfe aufgebrochen wäre.

Bisher war die Straße so gerade verlaufen, als wäre sie am Lineal gezogen. Nun aber näherten wir uns einem Knick, der sie ziemlich scharf nach rechts führte, schräg auf die Bahnstrecke zu. Direkt in der Kurve erblickten wir alsbald die Reste von Gebäuden, die sich später als die Trümmer eines kleinen in die Luft gesprengten Wasserwerkes, vielleicht einer Pumpstation für die Eisenbahn, herausstellten.

Schon vermochten wir die einzelnen der vor uns marschierenden Kameraden zu erkennen, die gerade in die Biegung hineingingen, da wurde unsere Aufmerksamkeit durch die uns unentwegt begleitenden Panzer erneut gefesselt. Sie verließen nämlich ihre bisherige Richtung und ratterten in plötzlich verschärfter Geschwindigkeit unmittelbar auf die Gebäudetrümmer zu. Im gleichen Augenblick konnten wir zum ersten Male ihre Form deutlich erkennen: wir sahen zu unserem Schrecken die schräge Schnauze der russischen T 34. Sofort wurde uns auch ihr Plan klar: sie wollten auf die Straße einschwenken und unsere beiden Gruppen auf einmal vernichten.

Jetzt mußte es schnell gehen! Außer den Gebäudetrümmern gab es weit und breit keine Deckung.

»Los! Laufschritt!« schrie Scholz. Und wir rannten aus Leibeskräften auf die Ruinen zu, während die Panzer aus allen Rohren zu schießen begannen. Zu unserem Glück lag das Feuer wegen ihrer schnellen Fahrt nicht gut, so daß ich annehme, wir hatten hierbei nur geringe Verluste. Genau festzustellen war es nicht.

Keuchend warfen wir uns hinter den Mauerresten nieder und eröffneten sofort das Feuer auf die angreifenden russischen Schützen, die wohl auf den Panzern aufgesessen gewesen oder in ihrer Deckung gefolgt waren. Unsere Gegenwehr war so heftig, daß wir die Russen in den Schnee zwangen.

Aber gleich darauf wurde es ausgesprochen ungemütlich, denn die Panzer begannen ihre Kanonen im direkten Beschuß in die Trümmer abzufeuern.

Ehe Scholz einen Befehl geben konnte, brüllte der fremde Oberzahlmeister: »Wir greifen an! Sprung auf, marsch,

marsch!«, und als niemand folgte, fuchtelte er den alten, in zahllosen Schlachten und Gefechten erfahrenen Obergefreiten mit der Pistole vor den Gesichtern herum und beschimpfte sie als Feiglinge. Aber er wollte schon dafür sorgen, daß alle diese feigen Hunde vors Kriegsgericht kämen!

Er kniete halbaufgerichtet hinter dem Stumpf des Wasserturms. Da sackte er jäh in sich zusammen. Die Russen konnten ihn nicht getroffen haben. Es war ein Schuß von hinten. Es war das einzige Mal während des ganzen Krieges, daß ich gesehen habe, wie ein unsinniger Befehl so schrecklich beantwortet wurde.

Scholz befahl, daß wir uns einzeln nach rückwärts absetzen, im Schutz der Trümmer ausschwärmen und versuchen sollten, neben der Straße die Richtung nach Westen zu gewinnen. Einer nach dem anderen verschwand, während wir pausenlos weiterschossen. Wir bekamen jetzt schweres Feuer, so daß immer wieder die Aufschreie der Getroffenen in dem Kampflärm vernehmbar wurden. Polternd stürzten Mauern um und begruben unsere Kameraden unter ihrem Gestein.

Schließlich verebbte unser Schießen, und als ich umherblickte, sah ich, daß außer den Gefallenen anscheinend nur noch Scholz und ich in der Stellung lagen.

Schon wollten auch wir uns zurückziehen, da hörten wir jählings ganz nahes Motorengedröhn. »Runter!« schrie Scholz. Wir stürzten übereinander zu Boden, ich halb über ihn, und hatten Arme und Beine gespreizt wie die Toten.

Ganz langsam mahlte in kaum einem Meter Entfernung die rasselnde Raupe eines Panzers vorüber. Die Infanteristen, die in Deckung des Kampfwagens auf dessen anderer Seite liefen, schossen unterdes mit ihren Maschinenpistolen in die Trümmer hinein. Ich spürte, wie den Körper unter mir ein Schlag durchzuckte. Ein heißer Schrecken erfüllte mich. Wir durften jedoch keine Bewegung machen.

Zu meiner großen Erleichterung hörte die Schießerei plötzlich auf, und der Motorenlärm entfernte sich. Vorsichtig hob ich den Kopf und sah, wie die Schützen wieder auf die Panzer hinaufgeklettert und diese auf die Straße eingebogen waren, auf der sie in der gleichen Richtung, die wir soeben gekommen waren, nun von uns wegfuhren. Die Verfolgung der Auseinandergesprengten schien ihnen wohl nicht lohnend. Sie hatten sicherlich kein festumrissenes Kampfziel, sondern nur die Aufgabe, das Vorfeld der neuen deutschen Stellung auszukämmen und Bahndamm und Straße zu sichern.

Scholz war böse getroffen. Das rechte Bein war von Blut genäßt. Mit fliegenden Fingern schnitt ich die Hose auf. Sein Oberschenkel war nicht weit über dem Knie, wohl von dem Feuerstoß aus einer Maschinenpistole, regelrecht zerfetzt. Das Blut sprudelte in gleichmäßigen kleinen Stößen heraus.

Mit einem Brotbeutelträger band ich das Bein ab. Der Springbrunnen versiegte zu meiner Befriedigung. Dann sammelte ich aus den Taschen der Gefallenen die Verbandpäckchen zusammen, fand bei dem toten Oberzahlmeister sogar eine richtige lederne Sanitätstasche, so daß ich wenigstens einen halbwegs festen Verband anlegen und diesen mit Pflasterstreifen sichern konnte.

Aber was nun? Scholz hatte keine Schmerzen. Als er aber sah, wie das Blut mit dem Herzschlag hervorsprang, wurde er blaß.

»Aus!« flüsterte er.

»Unfug«, sagte ich, »Nerven behalten jetzt!«

»Wie wollen Sie mich denn wegkriegen, Farnholt? Die Russen können jeden Augenblick wiederkommen!«

»Wir müssen es versuchen! Kommen Sie!«

Mit dem Verbinden war viel Zeit vergangen. Die anderen mußten schon weit vor uns sein.

Ich hob ihn auf. Er schlang seinen rechten Arm um meine Schulter. Das zerschossene Bein baumelte zwischen uns, während er mit dem linken auftrat. Er stöhnte vor Schmerzen. Wir kamen auf der Straße nur ganz langsam vorwärts. Nach fünf Minuten wußte ich, daß wir es auf diese Weise niemals schaffen würden. Ich hielt mich nur mit äußerster Anstrengung aufrecht.

Sollte ich ihn liegenlassen und versuchen, Hilfe zu holen? Ausgeschlossen, denn abgesehen davon, daß wohl kaum ein Deutscher zu bewegen wäre, seine Schritte aus irgendeinem Grunde in dieser Lage nach Osten zu lenken, wäre er ja längst erfroren, wenn mir die Rückkehr wirklich gelingen sollte. Überdies hatte Scholz ja recht damit, daß die Russen sicherlich nicht lange auf sich warten lassen würden.

Ein Gefühl der Verzweiflung kroch in mir empor. War es nicht bitter, nach all den Strapazen und nach all der gnädigen Durchhilfe jetzt, so dicht vor dem rettenden Ziel, doch noch niedergeworfen zu werden?

Scholz merkte, wie mir zumute war.

»Lassen Sie mich liegen, Farnholt! Es hat keinen Zweck! Ich will nicht, daß Sie meinetwegen kaputtgehen. Sie haben noch heile Knochen – und die Kinder . . .«, ächzte er.

Da schämte ich mich bis auf den Grund meiner Seele. War schon eine Stunde vergangen, seit ich eben diesen selben Scholz belehrt hatte, daß wir im Leben und Tod und wirklich immer in Gott geborgen wären, sofern wir nur glaubten? Hatte ich mit einem Male meinen Glauben verloren, aus dem Gott mir immer wieder die Brücken über die Abgründe geschlagen hatte?

»Sie müssen mir vergeben!« sagte ich. »Nun bin ich selbst kleinmütig gewesen!«

Er antwortete nicht, aber ich fühlte, wie sich seine Hand in meine Schulter krampfte. Ich betete mit aller Inbrunst um Kraft. Doch alle paar Minuten, in immer kürzeren Abständen, mußten wir uns ausruhen. Doch durfte die Pause wieder nicht zu lang sein, damit der Frost nicht in die Wunde eindrang.

Dazu quälte mich eine neue Sorge, von der ich nichts laut werden lassen konnte, falls sie Scholz nicht selber kam: ich wußte nämlich nicht, wie lange eine Schlagader abgebunden sein darf, ohne daß das Glied oder gar das Leben verlorengeht. Mir war, als hätte ich von einer bis zwei Stunden gehört. In diesem Schneckentempo aber, mit denen wir vorwärts kamen, schafften wir in der Stunde höchstens einen Kilometer. Ich blickte über die Schulter zurück und sah den Trümmerhaufen noch immer beängstigend nahe hinter uns.

Ich weiß nicht, wie lange wir schon unterwegs waren, als Scholz mir plötzlich aus den Armen und zu Boden glitt. Sein Gesicht war gelblich. Um den Mund hatten sich tiefe Furchen gebildet, und die Nase ragte knochig und scharf hervor. Er lag in tiefer Bewußtlosigkeit.

Ich erschrak bis ins Innerste. Hatte ich nicht schon in den Zügen vieler Menschen diese Zeichen gesehen und ihre schreckliche Vorbedeutung erfahren?

Ich zog ihn in den Windschutz eines umgestürzten Lastautos, das mit vielen anderen Geräten den Weg der geschlagenen Armee wies, legte ihn flach auf den Rücken, schob eine flache Munitionskiste unter das kranke Bein und rieb seine Schläfen mit Schnee ein.

Nach ein paar Minuten kam er wieder zu sich. Er schien von weit her zu kommen und brauchte eine Weile, bis er sich in unserer Lage wieder zurechtfand.

»Ach, Farnholt, Sie ...! Ja, ich verstehe«, flüsterte er. »Es war so schön ... Sie hätten mich nicht wiederholen sollen!«

»Sie müssen leben! Wir müssen es schaffen!« sagte ich tröstend. Aber ich spürte, wiederum beschämt, wie unecht es klang.

»Sie sollten anders zu mir sprechen, Farnholt, nicht so ... Es ist doch nun soweit – mit mir. Ich brauche jetzt das, was Sie wissen ..., keine Redensart ... «

Da ergab ich mich und waltete meines schweren Amtes hier in der russischen Einöde, inmitten des in der Wintersonne gleißenden Schnees. Ich durfte nicht mehr ausweichen und Dinge sagen, die ich selbst nicht glaubte. Ich mußte dem Kameraden vieler guter und schwerer Stunden, dem suchenden Menschenbruder, den Weg der Heimkehr zeigen.

Scholz hatte mit einem Male Angst. Wie sollte er, der so oft gezweifelt und gespottet hätte, bestehen, stöhnte er.

»Wer ist denn etwas vor Gott, Bruder Scholz? Wir sind Bettler — das ist wahr! hat Luther in seiner Todesstunde gesagt. Jesus sagt zu dem Übeltäter am Kreuz: ›Wahrlich, ich sage dir, heute wirst du mit mir im Paradiese sein.‹«

»Warum sagt er das?«

»Weil der Mensch echte Reue und Sehnsucht zeigte.«

Zwischendurch fiel Scholz etwas ein. »Die Papiere — von den anderen — und meine . . .«, flüsterte er aufgeregt und beruhigte sich nicht eher, bis ich seiner Tarnjacke den Packen Briefe und Bilder entnommen und in meine Tasche gesteckt hatte. Dabei fiel mir mein kleines Holzkreuz in die Hand. Ich holte es hervor und zeigte es ihm.

»Das ist nur das Zeichen für unsere armen, gebundenen Augen«, sagte ich. »Wir sehen jetzt durch einen Spiegel in einem dunklen Wort, dann aber von Angesicht zu Angesicht.«

»Ja, dann — bald . . .«, hauchte er. Und nach einer Weile: »Sag noch einmal das Wort von der Angst, du weißt doch . . .«

Ich ganz langsam: »In der Welt habt ihr Angst, aber seid getrost, ich habe die Welt überwunden.«

Er schwieg. Dann lächelte er plötzlich ganz schwach und sagte: »Ich habe — keine Angst — mehr. Jetzt — ganz — ohne Angst . . .!« Und wieder versank er in eine tiefe Bewußtlosigkeit.

Aber er starb nicht. Ich fühlte seinen Puls. Er flatterte matt. Wenn jetzt Ärzte da wären, ein Operationstisch, ein Bett, er brauchte nicht zu sterben, davon war ich überzeugt. Aber hier? Wie wurde ich mir meiner Ohnmacht bewußt!

Habe ich nicht doch die Pflicht, ihn weiterzuschleppen, solange noch ein Atemzug in ihm ist? Aber gerade das wäre doch sein sicherer Tod! Ich betete, daß Gott mir ein Zeichen geben möchte, das Richtige zu tun.

Doch verfiel ich aus dem Gebet wieder ins Grübeln. Fiel mir denn nichts ein? Gab es denn keinen Ausweg?

Daß noch irgendwelche Nachzügler vorbeikamen, war unmöglich, da die russischen Panzer nun auch unsere Straße aus dem Osten blockiert hatten. Ebenso unmöglich war es aber, daß ich mir Scholz bei der Schwere seiner Verwundung und angesichts meiner körperlichen Schwäche auflud, um ihn die weite Strecke zu tragen. So blieb mir nichts übrig, als bei ihm zu sitzen, bis die Kälte und seine Hinfälligkeit das Ihre an ihm getan hatten.

Es kam mir auch – wie konnte es anders sein! – der versucherische Gedanke, wie töricht und nutzlos doch dieses Wächteramt bei dem Sterbenden wäre und daß damit vielleicht die kostbare Spanne Zeit verstriche, die mir zu meiner eigenen Rettung gesetzt war. Doch harrte ich aus.

Aber ich blieb nicht freudigen und getrosten Herzens. Entgegen meiner tiefsten Erkenntnis und Erfahrung war ich im Grunde meiner Seele nicht erfüllt von der Bitte »Dein Wille geschehe!«, wiewohl mein Mund sie immer wieder murmelte, sondern die Anfechtung saß einmal mehr gleich einem Widerhaken in mir. Ich war in dieser Stunde, da es mir in der Verkündigung der christlichen Botschaft vergönnt war, einem leidenden, zerschlagenen Menschen die schmale Pforte in das Reich ohne Angst zu öffnen, selbst ungehorsam und aufsässig. Ich hatte das größte Wunder erlebt, das es auf Erden gibt, und war doch unzufrieden mit Gott. Hörte es denn niemals auf, daß ich mir mißtrauen mußte? War es eine Rechtfertigung für mich, daß schon der leibhaftige Heiland zu klagen hatte: »Wenn ihr nicht Zeichen und Wunder sehet, glaubet ihr nicht!«?

Ich betete: »Herr, vergib – und laß wenigstens meinen Unfrieden seinen Frieden nicht zerstören ...!«

Trübsinnig und unruhig hatte ich mich bei dem Verwundeten wieder niedergehockt und seinen Kopf in meine Hände genommen. Dabei blickte ich begierig die Straße entlang, die ich, so hoffte ich inständigst, bald gehen würde, ehe es zu spät war.

Da erblickte ich etwas, das mich wie ein elektrischer Schlag durchfuhr: einen Menschen, offensichtlich einen deutschen Soldaten in Tarnkleidung, der zögernd und vorsichtig, als ob er etwas suche, die Straße vom Westen her kam, ganz allein, direkt auf uns zu.

Was nun geschah, mutet an wie das Happy-End eines Filmes, und wenn es nicht die nüchterne Wirklichkeit wäre, die ich zu beschreiben habe, müßte ich in den Verdacht geraten, mir das Ende dieses Berichtes mit einer Erfindung leicht gemacht zu haben. Mit tiefer Beschämung erkenne ich nun nachträglich, daß Gott der Herr doch noch Zeichen und Wunder tut. Ob wohl um meines Unglaubens willen?

In jener Minute bewegte mich keine dieser Erwägungen. Gebannt starrte ich auf den Soldaten, der immer näher kam. Mit einem Male erkannte ich ihn. Ich ließ des Leutnants Kopf aus meinen Händen gleiten, sprang auf, winkte mit beiden Armen und schrie: »Ede! Ede!«

Ich sah, wie er zusammenfuhr. Dann kam er keuchend angelaufen.

»Habe euch gesucht wie eine Stecknadel!« Dann erblickte er Scholz: »Fertig?« fragte er. Ich verneinte.

»Dann los! Schnell! Ich habe einen Wagen! Die warten nicht lange!«

Es blieb keine Zeit zu irgendeiner Frage. Ich wickelte meine Tarnjacke um Edes Karabiner. Wir hoben Scholz auf diese provisorische Trage und schleppten ihn zwischen uns, indem wir mit unseren inneren Armen seine Schultern umklammerten, so schnell wie möglich die Straße entlang.

Zweimal mußten wir absetzen. Bei dieser Gelegenheit berichtete Ede in Stichworten. Er war mit den anderen weggekommen, hatte uns dann, als sie sich nach dem Absetzen sammelten, vergeblich bei ihnen gesucht. Dabei war er zurückgeblieben. Den Führer eines Panzerspähwagens, der zur Erkundung aus der deutschen Stellung gestoßen war, hatte er gebeten, ihn noch einmal mit zurückzunehmen. Der Wagen stehe hinter der nächsten Straßenbiegung und wolle nicht weiterfahren. Der Fahrer hatte aber versprochen, kurze Zeit zu warten, da die Besatzung sowieso einige aufgefundene Verwundete zu verbinden hätte.

Jetzt erst sah ich, daß Ede selbst eine blutige Binde um den Kopf trug.

»Ein Kratzer«, sagte er wegwerfend, »eigentlich noch nicht einmal ein Heimatschuß – aber ich fresse einen Besen, wenn ich damit nicht bis nach Wien ins Lazarett komme. Du weißt doch . . .«

»Ja, ich weiß!« Wider Willen mußte ich lachen. Er hat übrigens den Besen nicht zu fressen brauchen, da er mir Wochen später tatsächlich aus Wien einen phantasievollen Brief schrieb, aus dem ich als Wichtigstes entnahm, daß der Kratzer in Wirklichkeit gar nicht so harmlos war.

Wir mußten weiter. Als wir um die Straßenbiegung kamen, winkten die Leute des Spähwagens uns ungeduldig entgegen. Sie hatten schon drei Verwundete in ihrem Wägelchen verpackt. Obgleich es eigentlich unmöglich war, erklärte sich der fremde Leutnant, bei dem ich mich meldete, sofort bereit, Scholz und Ede mitzunehmen.

»So geht es aber nicht«, sagte er, »wir müssen sehen, daß wir ihn wach kriegen.«

Er hatte einen guten Kognak in der Feldflasche. Wir träufelten Scholz ein paar Tropfen ein, und er, der schon auf dem nicht ganz zarten Transport Lebenszeichen gegeben hatte, kam zu sich.

Er fand sich schnell zurecht. Er quetschte sich trotz großer Schmerzen in eine Ecke des Wagens. Der Fahrer hatte kaum noch Platz. Die übrigen Männer der Besatzung mußten sich außen an den Wagen klammern. Es war undenkbar, daß auch ich noch mitgenommen werden konnte.

»Es tut mir leid«, sagte der fremde Leutnant, »aber Sie sehen ja selbst . . . Machen Sie bloß flott, daß Sie Land gewinnen, dann schaffen Sie es schon! Noch etwa vier Kilometer!«

Und er schwang sich als Letzter auf den Kühler seines Wagens.

Scholz winkte mich noch einmal heran. »Kamerad Farnholt, Bruder Farnholt«, flüsterte er und hielt meine Hand, »ich hatte keine Angst mehr – wirklich nicht – und ich bleibe dabei . . .!«

Der Wagen fuhr an. »Richtung Wien!« rief Ede. Dann entschwanden sie in langsamer Fahrt hinter der nächsten Kurve.

Ich habe Scholz erst nach dem Kriege wiedergesehen. Aber seine Briefe empfing ich schon bald nach diesen gemeinsamen Erlebnissen. In dem ersten, den ich Monate später auf einem Heimaturlaub zu Hause vorfand, stand der Satz: »Mein Bein habe ich zwar verloren. Das ist gewiß schmerzlich. Aber ich habe dafür einen Glauben gewonnen, der mir für mein Leben wertvoller ist als alle meine Glieder zusammen. Ich gehöre nun einem Herrn, der mir immer wieder aus der Angst hilft. Und das bedeutet Lebensrettung, denn auf uns wartet eine Zeit, in der wir – nach menschlichem Maß gemessen – nicht so bald aus der Angst herauskommen werden . . .«

Ich war also mutterseelenallein zurückgeblieben. Von glorreichem Mut war ich nicht gerade beseelt. Aber der Leutnant hatte mir zur Stärkung ein paar Päckchen der Colaschokolade und ein paar der unheimlich anregenden Pervitintabletten geschenkt, deren Wirkung mich alsbald belebte.

Ohne Säumen machte ich mich auf den Marsch. Ich kämpfte verbissen jede Regung der natürlichen Schwäche nieder. Diese knappe Stunde scharfen Marsches mußte ich nach allen Strapazen auch noch schaffen, koste es, was es wolle. Jetzt ging es nur noch um mich selbst. Allmählich wurde ich des Wunders inne, das an Scholz geschehen, nein, auch an mir geschehen war, eine große Freudigkeit erfüllte und trug mich.

Dabei hatte ich, als ob es noch nicht genug sei, alsbald ein Abenteuer zu bestehen, das mir vor Aufregung fast den Atem benahm.

Ich war noch nicht lange gegangen, als ich hinter mir Panzergeräusch vernahm. Da ich die Straße nicht übersehen und deshalb die Lage nicht abschätzen konnte, erwählte ich der Tapferkeit besseren Teil und lief über das Schneefeld auf den Bahndamm zu und legte mich vor diesem in eine Schneemulde. Gleich darauf erblickte ich zwei T 34, die langsam meine Straße entlangfuhren, an mir vorüberratterten, aber schon nach kurzer Zeit in entgegengesetzter Richtung zurückrollten. Sie hatten wohl nur vorfühlen sollen. Da sie nicht von Infanterie begleitet waren, bedeuteten sie für einen einzelnen Mann sowieso keine große Gefahr.

Schon wollte ich mich erheben und meinen Weg eiligst fortsetzen, um womöglich schon vor der nächsten Patrouillenfahrt der Russen in Sicherheit zu sein, da erschreckte mich plötzlich ein Geräusch über mir auf dem Bahndamm.

Aufgestört fuhr ich herum. Oben auf dem Bahnkörper sah ich einen Reiter, und, was schlimmer war, er sah mich. Er saß auf einem kräftigen Panjepferdchen, hielt eine Maschinenpistole unter den Arm geklemmt, trug im übrigen aber Pelzmütze und Wattejacke der russischen Zivilbevölkerung.

Es war ein blutjunges Kerlchen, ein Knabe fast noch, mit schmalem, blassem Gesicht und großen, dunklen Augen. Auch er war wohl erschrocken. Sekundenlang starrten wir uns in die Augen.

Hinter dem Bahndamm wurden Stimmen und Pferdegeschnauf laut.

In Sekundenschnelle durchblitzte mich der Gedanke, daß ich das Gesicht mit ebendiesem Ausdruck schon einmal gesehen hatte.

Schon vermeinte ich, nun sei im letzten Augenblick doch noch alles verloren, da hörte ich, wie der Junge auf eine Frage von jenseits des Dammes ein hastiges »Njet!« (»Nein!») sagte, und ich sah, wie er sich abwandte und die Böschung nach der anderen Seite hinabritt.

Bewegungslos blieb ich liegen. Mein Herz klopfte mir im Halse. Gespannt lauschend vernahm ich, wie viele Pferdehufe im Schnee knirschten und wie sich dieses Geräusch allmählich entfernte und verlor. Es war wohl eine Kosakenabteilung, die sich aus den Zivilisten rückeroberten Landes laufend ergänzte und die in der Deckung des Bahndammes die aufklärenden Panzer begleitete.

Schwer atmend erhob ich mich und nahm, so schnell es meine Kräfte erlaubten, die Straße in der alten Richtung wieder unter die schmerzenden Füße.

Ich war von der überstandenen Gefahr noch ganz benommen, aber ebensosehr von dem unbegreiflichen Begebnis, das diese Gefahr gebannt hatte.

Was mochte den Jungen bewogen haben, mir seine Kameraden nicht auf den Hals zu hetzen? Wieder sah ich das Gesicht vor mir, schmal und eingefallen, mit den tiefliegenden, brennenden, fast schwarzen Augen. Doch während das Antlitz mir nicht aus dem inneren Blicke wich, verwandelte sich plötzlich der Rahmen, in dem es stand. Nicht mehr das seidene Blau des Winterhimmels war der Hintergrund, sondern die dunkle Nische auf dem Ofen einer Panjehütte, die ich mit meiner Taschenlampe erleuchtete und aus der mir ebendiese gleichen dunklen Augen entgegenbangten.

Da fiel mir alles wieder ein: der Männerfang in jenem Dorfe am ersten Tage unserer Odyssee, und die alte Mutter, die mir das Heiligenbildchen schenkte, weil ich ihren Sohn nicht sehen wollte. Einen Augenblick war ich ganz fest davon überzeugt, daß der Jüngling auf dem Ofen und der Jüngling auf dem Bahndamm der gleiche gewesen war!

Aber sogleich kamen mir die Zweifel. Konnte es in dieser unbarmherzigen Wirklichkeit solche wunderbaren Zusammenhänge geben? Spielte mir meine überreizte Einbildung einen Streich und gaukelte mir Bilder vor, die in den Bereich des Romans oder des Kinos gehören? Würde nicht jeder unbefangene Zuhörer darüber lächeln, wenn ich es ihm erzählte?

Noch heute wage ich im nüchternen Bericht nicht zu behaupten, daß diese beiden erregenden Begegnungen sich entsprechen und eine Rettung die andere ausgelöst hat. Vielleicht hatte der junge Reiter einfach Mitleid mit mir; vielleicht wagte es sein noch unverhärtetes Herz nicht, einen Menschen einem harten Schicksal auszuliefern.

Aber wenn ich meinem Gefühl die Meinung überlasse, dann ist es allerdings meine felsenfeste Überzeugung, daß hier ein Stück meines Lebensweges bloßliegt, das einen erschreckenden und beseligenden Einblick gewährt in die Art, wie Gott unser Leben führt, und ich halte mich auch bei diesem Erlebnis an das Wort meines Heilandes: »Bei den Menschen ist's unmöglich, aber bei Gott sind alle Dinge möglich.«

Dieses Gefühl erfüllte mich während des ganzen weiteren anstrengenden Weges mit seiner Kraft. Keine Müdigkeit schwächte mich. Keine Anfechtung nagte an mir. Keine Gefahr bedrängte mich. Gott hielt mich noch, ohn all mein Verdienst und Würdigkeit, so wie er mich in diesen Tagen im Sterben und im Leben gehalten hatte. Und nie würde er mich aus seinen Händen fallen lassen, was immer mir künftighin an guten und bösen Schicksalen bestimmt war!

Völlig ausgepumpt, verwildert und heruntergekommen, aber glücklich wie selten in meinem Leben, voll des Friedens, der nicht von dieser Welt ist, langte ich endlich als letzter deutscher Soldat in der rettenden Auffangstellung an.

Vom selben Verfasser:

**Einen Hering
für mein Kind**

Die fröhlichen Abenteuer
der Familie Kersten

256 Seiten, Taschenbuch

Best.-Nr. 113 077

Ein heiteres und gelöstes Buch, in dem hintergründiger Humor, pralle Situationskomik und verkrampfte Fröhlichkeit des Glaubens mühelos ineinanderfließen. Die wirklichkeitsbezogene, immer lebendige Handlung legt die Vermutung nahe, daß der Verfasser trotz der gelungenen Verfremdung in die aktuelle Erzählungsform hier weithin Selbsterlebtes niedergeschrieben hat, ein Stück heiterer Autobiographie, in der er auch seine eigene Unzulänglichkeit lächelnd oder betroffen ironisiert. Alles in allem ein Buch, das dem Leser Vergnügen bereitet, Freude schenkt und ihn dennoch nicht den nötigen Tiefgang vermissen läßt.

CHRISTLICHES VERLAGSHAUS GMBH STUTTGART